STUDY ON MECHANICAL PROPERTIES OF
COMPOSITE TRUSS-WEB CONTINUOUS GIRDER BRIDGE
BASED ON TRUSS-BOX EQUIVALENT THEORY

基于桁箱等效理论的组合桁腹连续梁桥力学性能研究

薛东焱　黄杨成　张益多　著

江苏大学出版社
JIANGSU UNIVERSITY PRESS
镇　江

图书在版编目(CIP)数据

基于桁箱等效理论的组合桁腹连续梁桥力学性能研究/薛东焱，黄杨成，张益多著. — 镇江 ：江苏大学出版社，2022.11

ISBN 978-7-5684-1841-6

Ⅰ. ①基… Ⅱ. ①薛… ②黄… ③张… Ⅲ. ①组合梁桥－桁架桥－力学性能－研究 Ⅳ. ①U448.21

中国版本图书馆 CIP 数据核字(2022)第 213037 号

基于桁箱等效理论的组合桁腹连续梁桥力学性能研究

Jiyu Hengxiang Dengxiao Lilun de Zuhe Hengfu Lianxu Liangqiao Lixue Xingneng Yanjiu

著　　者/薛东焱　黄杨成　张益多

责任编辑/徐　婷

出版发行/江苏大学出版社

地　　址/江苏省镇江市京口区学府路 301 号(邮编：212013)

电　　话/0511-84446464(传真)

网　　址/http://press.ujs.edu.cn

排　　版/镇江市江东印刷有限责任公司

印　　刷/江苏凤凰数码印务有限公司

开　　本/890 mm×1 240 mm　1/32

印　　张/5.375

字　　数/201 千字

版　　次/2022 年 11 月第 1 版

印　　次/2022 年 11 月第 1 次印刷

书　　号/ISBN 978-7-5684-1841-6

定　　价/35.00 元

前　言

组合桁腹连续梁桥是近年来出现的一种新型组合结构桥梁，从传统组合箱梁桥的基础上发展而来，具有自重轻、施工便捷、美观、空间利用率高等优势。然而组合桁腹连续梁桥整体具有不连续性，这导致关于顶底板纵向应变的平截面假定是否成立存在疑问，也不确定整个截面能否采用单一的梁单元计算；同时，钢桁架与混凝土连接处的受力情况复杂，现有的计算方法精度较低且过程烦琐，种种因素限制了组合桁腹连续梁桥的发展。为促进其在我国的发展与应用，本书提供一种等效理论，将复杂的组合桁腹连续梁桥简化为箱梁模型，并进行有限元验证和其他力学性能的研究，主要包括以下方面：

（1）提出组合桁腹梁桥桁-箱等效理论（以下简称“桁-箱等效理论”）。按实际工程建立组合桁腹连续梁桥 ABAQUS 有限元模型，应用桁-箱等效理论，即以斜腹杆为主要研究对象，依据变形前后斜腹杆与钢腹板的应变能相等进行换算，得到钢腹板的厚度；然后根据剪力不变、剪切应变能相等的原则，推导出将钢腹板转换为混凝土腹板的计算公式，最终提出基于连续梁结构的桁-箱等效理论。

（2）组合桁腹连续梁桥弯曲性能的研究。基于桁-箱等效理论，选取剪力滞翘曲位移函数，结合薄壁箱梁剪力滞效应理论及能量变分原理，建立合理的组合桁腹连续梁桥剪力滞效应分析的理论模型，分析三种典型荷载工况下的组合桁腹梁桥的剪力滞效应、竖向挠度和斜腹杆的轴力计算公式,考虑不同荷载参数对组合桁腹连续梁桥剪力滞的影响。

(3) 组合桁腹连续梁桥剪切性能的研究。以等效箱梁截面上的任意微元为单位,分析其在不同荷载下的剪应力大小及分布规律;再从组合桁腹连续梁桥的抗剪分配率入手进行研究,对转换为混凝土腹板的箱梁进行抗剪分析得到剪力分配率,其中主要考虑在三种典型荷载作用下组合桁腹梁桥斜腹杆与混凝土所承担的剪力分配率的关系,以及荷载横向作用位置对剪力滞的影响。

(4) 组合桁腹连续梁桥扭转和畸变性能的研究。以桁-箱等效理论为基础,根据等效前后组合桁腹连续梁桥有限元验证,进一步验证等效理论的合理性,并通过控制变量法将可能影响扭转和畸变性能的因素进行二次模拟与对比,探究墩高、横隔板密度与厚度对组合桁腹连续梁桥扭转和畸变性能的影响,为实际工程提供有效、可靠的理论基础。

(5) 基于有限元模型的验证与分析。利用 ABAQUS 有限元软件,根据实际工程桥梁图纸进行有限元建模,并根据每章研究内容将有限元的相关验证贯穿整个研究。有限元验证结果表明,桁-箱等效理论的理论值与有限元计算值在弯曲、剪切和扭转、畸变性能方面拟合良好,本书提供的等效理论具有较高的可靠性。同时,在桁-箱等效理论的基础上,利用有限元模型探究不同几何与荷载工况对组合桁腹连续梁桥正应力、剪应力和扭转、畸变正应力的影响。

著　者

2022 年

目　录

第1章 绪论

1.1 研究背景及意义

1.1.1 研究背景

钢和混凝土是建造桥梁的主要材料，这两种材料在物理和力学性能上具有各自的优缺点，如果只采用其中一类材料建造桥梁，其性能往往受到材料性能的制约。通过某种方式将钢和混凝土组合应用，则既能够综合传统钢筋混凝土结构和钢结构的优点，又能限制不利因素的产生，从而做到物尽其用、扬长避短，进而为桥梁工程师提供更广阔的创作空间。

广义上，组合结构桥梁可以分为三类：第一类为结构体系的组合，如斜拉桥结构、拱梁组合结构等；第二类为同一结构（或构件）纵轴向采用不同材料的组合；第三类为结构（或构件）同一截面采用不同材料的组合，即传统意义上的组合结构桥梁，如钢-混凝土组合结构桥梁。目前，钢-混凝土组合结构桥梁应用广泛，且经济性较强，因此衍生出许多种结构形式，主要包括板梁、组合箱梁、桁架梁、组合刚构桥、组合梁式斜拉桥、波形钢腹板组合箱梁、混合梁桥等。

近年来，中国桥梁工程蓬勃发展，主要体现在建桥数量和桥梁跨径上，桥梁跨径的增长对材料和结构的创新提出更高的要求，其中材料创新主要集中在使用轻质、高强度材料上，结构创新则集中在降低自重上。这两点在钢-混凝土组合结构上得到了充分发挥,其中组合桁腹梁结构就是钢-混凝土组合结构的杰出代表。

组合桁腹连续梁桥是近年来出现的一种新型组合结构桥梁,在现今中等跨径的新桥型中具有一定竞争力,其基本构造如图1.1所示。其组成主要包括混凝土上顶板、混凝土下底板和钢腹杆,跨径较长的桥型还会加入体内外预应力钢筋。组合桁腹连续梁桥的构思主要来源于波折钢腹板组合结构,大跨径波折钢腹板组合桥梁的截面较高,波折钢腹板容易出现局部稳定性问题,抗风能力也较差,为弥补波折钢腹板组合桥梁的不足,便出现了采用钢腹杆代替波折钢腹板的设想。

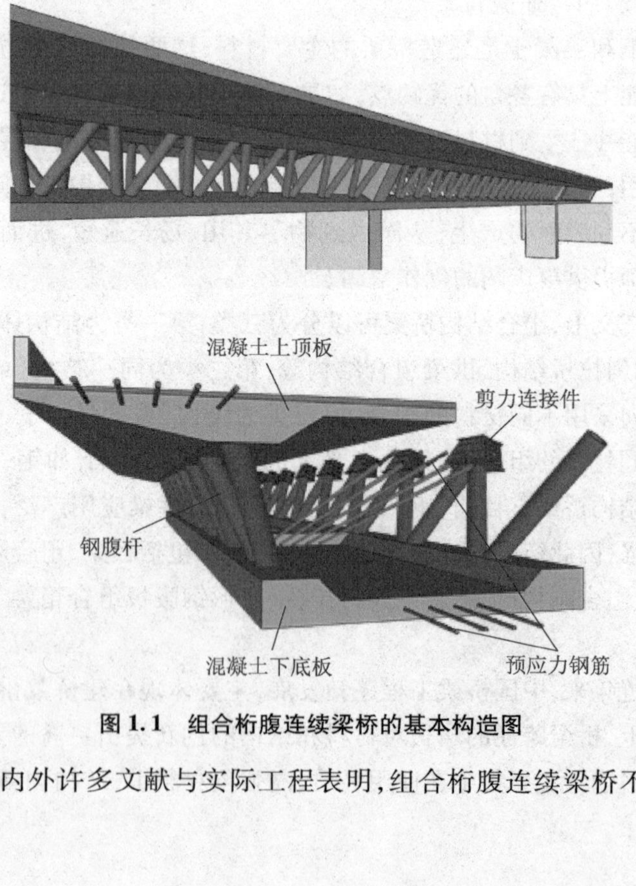

图1.1　组合桁腹连续梁桥的基本构造图

国内外许多文献与实际工程表明,组合桁腹连续梁桥不仅可以减少混凝土用量,减轻桥梁上部自重,而且可以降低设计截面的高度,且由于钢腹杆主要承受轴力,其形式可以根据桥梁整体受力情况或设计要求灵活设计。

相对于混凝土箱梁,组合桁腹连续梁桥的主梁自重明显变低,跨越能力大幅度提高。在同等桥梁规模的情况下,组合桁腹连续梁桥能够减少桥梁下部结构和基础的工程量及现场作业量,常规混凝土腹板、钢筋及模板的作业流程也得以省略,缩短了施工工期,同时避免了混凝土腹板出现裂缝等衍生问题。

1.1.2　研究意义

近年来,我国科技水平长足发展、施工技术水平不断提高、生产力持续走高,在组合结构桥梁的发展上也取得了不错的结果,在各类组合结构形式不同的桥梁中,桁腹式混凝土组合结构桥梁应运而生,这种组合结构桥梁形式起源于对板-桁组合结构的研究。组合桁腹连续梁桥顶板和底板材料为混凝土、腹板为钢腹杆,这样的组合使得箱梁腹板不连续,导致顶板和底板纵向应变的平截面假定不成立,从而整个截面不能采用单一的梁单元计算。同时,钢腹杆与混凝土连接处受力情况复杂,现有的计算方法的精度较低且过程烦琐,因此,如何便捷有效地分析组合桁腹连续梁桥的受力性能逐渐受到一些学者的重视。

总体来说,由于组合桁腹连续梁桥的结构受力的复杂性,无法直接通过结构力学等方法得到封闭的解析解,从而组合桁腹连续梁桥的计算理论较匮乏。但薄壁箱梁理论的研究与应用则较多,理论体系也较为完善。因此,本书将通过桁-箱等效理论,用连续的腹板替换原本不连续的钢腹杆,将组合桁腹连续梁桥转换为混凝土箱梁桥,以相对成熟的薄壁箱梁理论对转换后的结构进行受力分析。桁-箱等效理论的优点有两方面:一方面,尽可能地保留了原有的组合桁腹连续梁桥的外形,仅将钢腹杆等效为连续混凝土腹板;另一方面,转换后的结构不需要考虑材料间的连接情况,简化了分析。此外,了解组合桁腹连续梁桥的工作机理和受力特性会对设计人员和研究人员提供一定的参考,具有实际的应用意义。

1.2 研究现状

1.2.1 综述

组合桁腹梁结构能有效减轻腹板重量,提高桥梁结构的跨越能力,降低工程造价;钢腹杆布置灵活,可兼顾美观和经济性;能减小风力作用,通透性较好,适用于中等或大跨径桥梁结构,也可利用其结构优势建造双层桥面。表 1.1 和表 1.2 分别展示了国内外的一些代表性组合桁腹梁桥,不难看出,国外组合桁腹梁桥的起步时间相对国内要早一些,结构形式大多为连续梁结构,可见组合桁腹连续梁桥的重要性。总体来说,组合桁腹梁结构桥梁尚处于研究发展阶段,尤其是关于连续梁等较复杂的结构形式的文献较少,还未形成相对完善的研究体系。

表 1.1 国外代表性组合桁腹梁桥

名称	主桥桥跨布置	结构形式	国家	建成时间
Arbois 桥	(29.9+40.5+29.9)m	连续梁	法国	1985 年
Nantenbach 高架桥	(83.2+208.0+83.2)m	连续梁	德国	1993 年
Echinghen 高架桥	(44.5+3×77.0+93.5+5×110.0+93.5+3×77.0)m	连续梁	法国	1997 年
Sherbrooke 天桥	60 m	简支梁	加拿大	1997 年
Marinai d'Italia 天桥	50 m	简支梁	意大利	2000 年
Kinokawa 桥	(51.85+85.0+85.0+43.85)m	连续梁	日本	2003 年
Dreirosen 桥	(77+105+84)m	连续梁	瑞士	2004 年

续表

名称	主桥桥跨布置	结构形式	国家	建成时间
志津见大桥	(64+75+60+45+34)m	连续梁	日本	2005年
Tomoegawa桥	(59.5+3×119.0+59.5)m	连续梁	日本	2009年
Francisco Aura Boronat桥	—	连续梁	西班牙	2014年

表1.2 国内代表性组合桁腹梁桥

名称	主桥桥跨布置	结构形式	城市	建成时间
上海闵浦大桥	(4×63+708+4×63)m	斜拉桥	上海	2009年
南京绕城高速江山车行天桥	(35+35)m	连续梁	南京	2011年
千厮门嘉陵江大桥	(88+312+240+80)m	斜拉桥	重庆	2013年

本书对近几年主要数据库中有关桁腹梁桥和组合结构桥梁的文献进行了统计，统计结果如图1.2所示。柱状图展示的是Web of Science数据库中组合桁腹梁桥与组合结构桥梁的数量占比；深色折线是万方数据库中有关组合桁腹梁桥文献数的累加数，浅色折线是中国知网（CNKI）有关组合桁腹梁桥文献数的逐年累加。从图中不难看出，虽然对于组合桁腹梁桥的研究逐年变多，但是只占组合结构桥梁类文献的很少一部分。

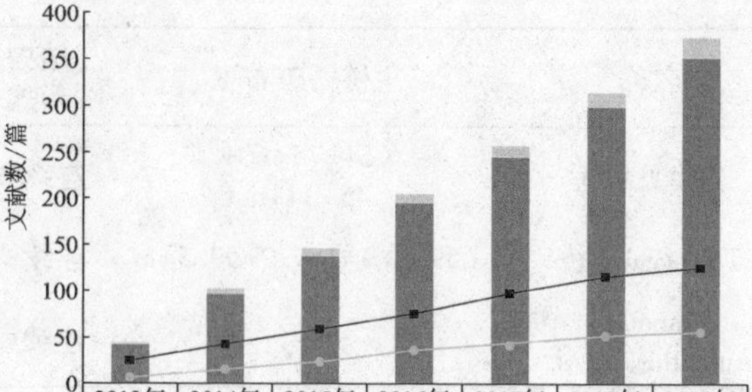

	2013年	2014年	2015年	2016年	2017年	2018年	2019年
WoS—组合桁腹梁桥（外文）	1	5	8	9	12	15	22
WoS—组合结构梁桥（外文）	43	97	138	195	245	299	352
万方—板-桁组合桁腹梁桥（期刊、学位论文、专利、会议论文、科技成果）	26	43	59	76	98	116	136
CNKI—板-桁组合桁腹梁桥（期刊、学位论文、会议论文）	7	16	24	36	42	52	56

图 1.2　近几年主要数据库中有关桁腹梁桥和组合结构桥梁的文献统计

从研究对象来看，目前国内外对组合桁腹梁桥的研究主要集中在整体承载力分析、混凝土与钢腹杆节点受力分析、施工工艺创新与优化、材料创新与优化、抗震性能优化等方面，近年来出现频率较高的是将新型材料（如纤维增强复合材料 FRP）用到组合桁腹梁桥中。目前已有一些板-桁组合结构设计的计算方法对于组合桁腹连续梁结构等效化研究和分析具有参考价值，主要有以下两类：

（1）有限单元法。按维度可以划分为平面有限单元法和三维有限单元法。其中，三维有限单元法最早由日本学者小松定夫于 1975 年提出，是目前设计中常采用的方法。Huang 等学者采用平面有限单元法计算和分析桁腹式组合桁梁桥的抗弯性能，并与结构试验模型对比，得出两者基本吻合的结论。

（2）换算薄壁箱梁法。首先，将桁架桥的腹杆和上、下腹杆换算成等效的薄板，上、下平纵联也转换成等效的薄板；其次，根据薄壁闭口截面的构件弯曲扭转理论，通过有限元方法或微分方程计算得到转换后的薄壁箱梁的位移及内力；最后，将其换算为桁架的轴力。这种计算方法的自由度较少,计算较简单,可以用来分析板-桁组合结构梁的整体承载力或局部相关的扭转屈曲的承载力,在换算过程中改变了桁架节点的实际受力状态,近似反映板-桁组合结构梁桥的受力情况。

1.2.2 国外研究现状

Komatsu 等在研究换算薄壁箱梁法的概念的基础上,将桁式加劲梁的腹杆转换成某种特定厚度的钢腹板,再用相对成熟的箱梁理论计算结构的变形和内力。结果表明,该方法可以取得较好的计算精度。

Josef Machacek 等对钢桁腹式混凝土组合箱梁的剪力连接件进行了理论研究与试验。通过试验结果验证了组合桁架的数值模拟的准确性,并对钢与混凝土构件交界处的剪力流进行了详细的参数研究。结果表明,选择合适的桁架密度可有效降低弹性阶段剪力流峰值出现的频率。

Kousuke Furuichi 等提出了一种新型节点的组合桁腹梁桥结构,通过静力加载试验和数值模拟分析,发现改变钢筋数量和位置可提高节点处的极限强度。

McCallen 等以不同变形模式下结构应变能相等的原则将桁架梁换算为连续体,通过静力和动力检验了计算精度。结果表明,在连续应变能函数中须附加结构应变能,才能确保将桁架梁换算为连续体后力学性能更准确。

Bouchair 等利用 Cast3M 软件建立有限元模型,通过控制各类参数研究组合桁架梁的力学性能。结果表明,与钢桁架相比,钢-混凝土组合桁架连接处的剪力减小了约 50%,梁截面顶部对抗剪连接件中的剪力有显著的影响。

Kwang-Hoe Jung 等认为组合桁腹梁桥可以作为中长跨组合箱梁桥的替代结构,而组合桁腹梁桥的关键技术集中在钢桁架与混凝土的抗剪连接件上。他们在结合日本相关研究的基础上,进行了组合桁腹梁结构的疲劳试验以验证新提出的铰链式抗剪连接件的静力和动力抗疲劳性能，开发出了具有抗疲劳能力的高性能结构。

左東有次等以组合桁腹梁桥为研究对象，提出开孔板抗剪连接件和焊钉抗剪连接件的连接结构，并对构件进行了 1∶2 缩比加载试验，以阐明构件的应力传递机理。此外，还进行了三维有限元分析以验证结构的机械特性。结果表明，现有的连接件极限强度方程具有足够的安全性。

二井谷教治等分析了现有的组合桁腹梁桥的优缺点，提出用一种由钢管和钢板组合成的连接节点连接混凝土与钢桁架。通过对比全尺寸静力加载试验和数值模拟分析，得出新型节点的极限强度是设计荷载的 3 倍。

Choong-Eon Kim 等制作了跨度为 30 m 的桥梁构件，并进行了静力加载试验，以验证和评估研究提出的一种钢箱梁与桁架组成的组合结构。试验观察到底部钢梁的应力显著降低，挠度与数值模拟的结果有良好的一致性。

Cristiano Alocci 通过分析意大利比萨 Navicelli 运河的组合桁腹梁桥，制作了桥梁的有限元模型，以分析其在施工、使用和维护期间的结构行为，根据 EuroComp 设计规范、意大利 CNR 说明和德国 DIBT 规范进行结构验证，计算出的桥面板总重量约为 11 t。由于主梁自重较低，一个 3 kW 的电动马达足以使其移动，相对于全钢桥，可节省安装和运营成本。

Ayman El-Zohairy 等研究了碳纤维增强复合材料（CFRP）层压板对连续钢-混凝土组合梁的抗弯性能和抗裂性能的改善。通过数值模拟分析与验证，建议在组合桥梁结构中，CFRP 的用量占比达 80%以上。

1.2.3　国内研究现状

薛东焱等以上海闵浦大桥为研究对象，在节点试验的基础上，得到了应力分布、位移响应、裂纹发展及节点失效模式等结果，且通过 ANSYS 有限元分析软件进行节点处的精细化建模与运算，得到的数值模拟结果与试验结果吻合。结果表明，节点刚度随重复加载次数的增加而逐渐减小。

宛青云提出一种将组合桁腹梁桥中钢腹杆等效成混凝土腹板的方法，并对转换前后的桥梁力学性能进行了研究，且通过理论推导的方法提出了简支梁条件下组合桁腹梁桥的斜腹杆等效厚度计算方法、结合剪力滞效应的弯曲理论、考虑抗剪分配率的剪切理论和约束扭转理论。最后通过有限元计算结果验证其理论的准确性。

何畏等针对芜湖长江大桥实际项目，利用叠加应力法将公铁两用的板-桁组合结构体系拆分为三个体系，并对每个体系进行了探究，详细阐述了每个体系受力特性的定性分析和计算研究。

何畏、强士中等利用数值模拟与理论推导，以板-桁组合结构为研究对象，对桥面板的剪力滞等问题进行了研究，得出了板-桁组合结构桥梁桥面板的有效工作宽度，其计算结果与英国 BS5400 板-桁组合结构相关规范的计算结果非常接近。

陈扬等在科学、详细地对比了各种计算模型后，表明合理的空间梁格模型满足设计要求，可应用于钢桁腹组合桥设计中。

谭莹、田启贤等根据板-桁组合结构桥梁的结构特点和研究目的不同，将板-桁组合结构的桁架杆结构离散为梁单元，将钢筋混凝土桥面板离散为板壳单元或块体单元。此外，通过节段的模型试验比较理论分析结果和实测结果，得到板-桁组合结构桥梁的受力规律。

王彤等将桁腹式组合桁架结构的腹杆等效成钢板，利用箱梁理论对组合结构进行分析。研究表明，该等效近似计算方法精确度高、计算简便、概念明确，能够很好地利用箱梁计算理论。

彭宁宁、丁德豪等通过研究板-桁组合结构的受力特点，在常用的有限元计算方法的基础上，提出一种简化的计算分析方法以提高工作效率，并以两个实例为依据，通过静力和动力特性分析，验证了此简化方法的有效性和实用性。

雷聪推导了钢桁腹-混凝土组合梁的变形微分方程，在跨中集中荷载、两点对称荷载和均布荷载的作用下，分析了钢桁腹-混凝土组合梁的剪力滞效应并考虑宽跨比等结构参数，利用有限元计算方法来验证公式的准确性。结果表明，该公式推导是正确的，与有限元计算的结果很接近。

张文福等针对已有的两种薄壁箱梁扭转理论，提出次剪力流扭转和次翘曲扭转问题，并以双轴对称的钢-混凝土薄壁箱梁为例，试图基于 Kirchhoff 薄板理论和 Timoshenko 梁理论力学模型来建立一套新的钢-混凝土薄壁箱梁组合扭转理论。

盛可鉴从简支转连续梁桥结构体系的固有特点入手，针对结构动力工作性能、结构计算理论、内力重分布规律、施工控制技术及接头形式等展开研究。基于结构力学分析，推导得出简支转连续梁桥混凝土徐变内力效应、温度内力效应及预应力内力效应计算公式，并针对简支转连续梁桥的体系形成过程及力学特点，得到该结构在简支阶段、体系转换阶段及成桥阶段的挠度变形公式，提出简支转连续梁桥预拱度的设置方法。

彭旺虎针对以混凝土桥面板、正交异性钢桥面板与钢桁架、波形钢板构成的各类组合桥梁的扭转分析问题，提出了计算截面几何特性参数的方法。

1.3 主要研究内容与技术路线

既有的桁-箱等效理论讨论的是简支梁结构下整体等效前后的抗弯、抗剪和抗扭的性能，对畸变性能的研究较少。本书主要利用换算薄壁箱梁法思想及初等梁理论，通过理论推导与有限元数值模拟相结合的方法，在验证三跨连续梁桥结构的基础上，提出组合桁腹连续梁桥等效理论，包括腹杆等效厚度计算方法、弯曲性能分析、剪切性能分析、自由扭转性能分析、约束扭转和畸变性能分析，并用有限元数值模拟验证本书提出的理论的精确性，最终得到桁-箱等效理论。

第2章作为全书的理论基础，首先介绍目前已有的桁-箱等效理论，并分析其优缺点。其次，按照实际工程建立组合桁腹连续梁桥 ABAQUS 有限元模型，应用桁-箱等效理论，即以斜腹杆为主要研究对象，按变形前后应变能相等的条件将其换算成等效厚度的钢腹板。再次，基于剪切应变和剪力相等的原则，推导出将钢腹板转换为混凝土腹板的计算公式，从而提出基于连续梁结构的桁-箱等效理论。最后，建立组合桁腹三跨连续梁桥等效前后的有限元模型，分别对其施加各种荷载工况，对比分析正应力、跨中挠度和滑移等，验证连续梁结构下该等效转换方法是否可行。

第3章首先基于组合桁腹连续梁桥等效为薄壁箱梁的分析方法的结果，建立合理的组合桁腹连续梁桥剪力滞效应分析的理论模型，并在此基础上选择组合桁腹梁桥桥面板的剪力滞纵向翘曲位移函数。其次，根据能量变分法推导出组合桁腹连续梁桥的剪力滞微分方程，分析三种典型的荷载工况（中跨跨中集中荷载、每跨跨中集中荷载和满跨均布荷载）下组合桁腹梁桥的剪力滞效应、竖向挠度和斜腹杆的轴力计算公式。再次，分析不同加载位置对剪力滞效应的影响，考虑不同几何参数对组合桁腹连续梁桥剪力滞的影响，得到不同荷载作用下桥面板有效宽度的计算公式。最后，利用有限元模型计算得到三种工况下的顺桥和横桥向正应力、跨中挠度等，并与理论推导得出的结果进行对比分析，验证理论推导的准确性。

第4章研究局部荷载对组合桁腹连续梁桥的影响。荷载作用于顶板，除直接受荷载部分产生横向弯曲外，还会引起其他部分的横向弯曲,从而产生横向弯曲正应力和与之对应的剪应力。为进一步计算组合桁腹连续梁桥弯曲时的剪应力,本章以等效箱梁截面上任意微元为单位体,分析其在不同荷载条件下的剪应力大小及分布规律,再从抗剪分配率进行研究,以有限元实桥模型进行对比验证。

第 5 章在组合桁腹连续梁桥等效为闭口箱梁结构的基础上,以薄壁箱梁扭转和畸变理论为核心,研究三跨组合桁腹连续梁桥的力学性能。以组合桁腹连续梁桥等效为等效箱梁为基础,通过有限元程序 ABAQUS 对组合桁腹连续梁桥模型的空间受力特性进行较为详细的分析,对等效前后的组合桁腹连续梁桥进行有限元验证,进一步验证等效理论的合理性,并通过控制变量法将可能影响扭转性能的因素进行二次模拟对比,探究墩高、横隔板密度与厚度对组合桁腹连续梁桥扭转性能的影响,为实际工程提供有效可靠的理论基础。

本书的技术路线如图 1.3 所示。

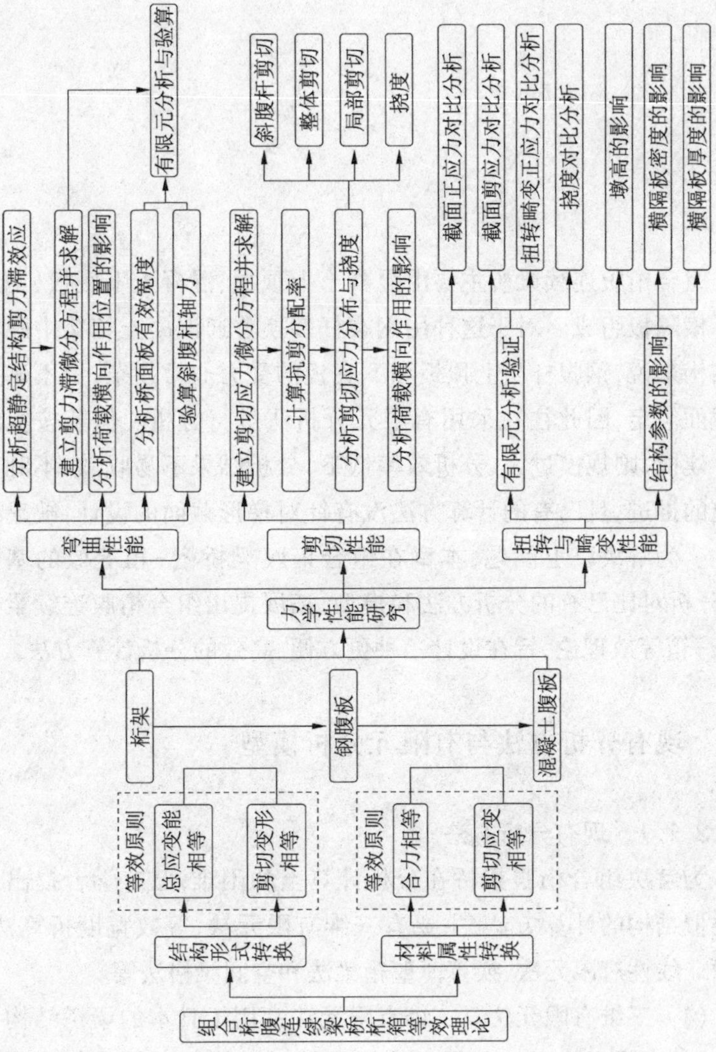

组合桁腹连续梁桥桁箱等效理论
结构形式转换
材料属性转换
等效原则
总应变能相等
剪切变形相等
合力相等
剪切应变相等
桁架
钢腹板
混凝土腹板
力学性能研究
弯曲性能
剪切性能
扭转与畸变性能
分析超静定结构剪力滞效应
建立剪力滞微分方程并求解
分析荷载横向作用位置的影响
分析桥面板有效宽度
验算斜腹杆轴力
有限元分析与验算
建立剪切应力微分方程并求解
计算抗剪分配率
分析剪切应力分布与挠度
分析荷载横向作用的影响
斜腹杆剪切
整体剪切
局部剪切
挠度
有限元分析验证
结构参数的影响
截面正应力对比分析
截面剪应力对比分析
扭转畸变正应力对比分析
挠度对比分析
墩高的影响
横隔板密度的影响
横隔板厚度的影响

图1.3　技术路线图

第 2 章　组合桁腹连续梁桥桁-箱等效理论研究

组合桁腹连续梁桥主要由混凝土上顶板、混凝土下底板、钢腹杆和横隔板组成。对于这种用钢腹杆替换普通混凝土箱梁中腹板的结构来说,钢腹杆与上顶板和下底板的受力非常复杂,也不满足平截面假定,因此往往采用有限元分析法进行分析。但若按实际尺寸建模,则规模过大,分析效率低下,分析结果不易收敛,不利于研究的推进,且已有的计算方法没有针对梯形截面的设计,缺乏一般性。为解决以上问题,本章在组合桁腹梁桥桁-箱等效的基础上,分析对比已有的分析方法和模型,拓展提出组合桁腹连续梁桥的桁-箱等效理论,旨在设计一种更方便、高效的分析计算方法。

2.1　现有分析方法与有限元分析模型

2.1.1　现有分析方法

为解决组合桁腹梁桥在分析计算上的困难,已有学者提出用于类似结构的计算方法,主要有三维有限元法、等效宽度折算法、平面非线性有限元法、换算薄壁箱梁法和空间梁格法等。

(1) 三维有限元法。三维有限元法常用于日本的梁桥结构设计中,基本原理为通过有限元分析软件对结构进行数字化建模及有限元分析,其计算难度和时间往往与模型复杂度成正比,而计算精度则与模型复杂度成反比。

（2）等效宽度折算法。等效宽度折算法将组合桁腹梁结构桥面板进行有效宽度处理，同时将腹杆简化为一个等效的平面桁架，并对不同材料的连接部分进行等效处理，从而将原本复杂的有限元实体模型简化为矩形平壳单元和梁单元组成的有限元模型，降低了分析难度，缩短了分析时间。

（3）平面非线性有限元法。平面非线性有限元法将组合桁腹梁结构简化为一个等效平面桁架，该等效桁架的上弦杆由主桁架的上弦杆、公路纵梁及混凝土桥面板共同构成，其他杆件与原主桁中的杆件等效。

（4）换算薄壁箱梁法。换算薄壁箱梁法实质是用等效的薄壁箱梁桥代替组合桁腹梁桥，该方法根据薄壁闭口截面梁构件的弯曲扭转理论把不连续的腹杆转化为薄壁腹板，并以此为基础将转化后的箱梁位移及相应内力换算成转化前的钢腹杆内力。

（5）空间梁格法。空间梁格法将组合桁腹梁桥划分为钢腹杆、混凝土顶板和混凝土底板三部分，并对混凝土顶板和底板进行离散化处理后通过计算机进行有限元分析，其精度高低取决于划分梁格的方式，因此很难定义。

这些方法有各自的优缺点，归纳起来可用表 2.1 展示。

表 2.1　组合桁腹梁桥分析方法的优缺点

计算方法	模型直观度	分析难易程度	结果精度	耗时
三维有限元法	具体，直观	非常困难	高	很长
等效宽度折算法	较为具体，直观	困难	较高	较长
平面非线性有限元法	简略，不直观	简单	低	短
换算薄壁箱梁法	较为具体，直观	普通	较高	较短
空间梁格法	较为具体，直观	困难	难定义	较长

从表 2.1 可以看出，三维有限元法因采用实体建模的方式，其模型非常直观，且分析结果精度较高，但是分析难度很大，导致耗

时很长,不利于实现工程或项目的经济效益;等效宽度折算法考虑了前者的不足,对桥面板宽度和桁架采取了不同程度的等效处理,但等效前后模型差异较大;平面非线性有限元法虽简单快捷,但相对其余几种方法,分析结果精度较低;换算薄壁箱梁法的优缺点相对平衡。在深入分析以上四种典型方法后,本书取长补短,考虑以受力特性为基础,以换算薄壁箱梁法为手段,以结构应变能相等为原则,对组合桁腹连续梁桥进行等效的简化处理。

2.1.2 有限元分析模型

国内外已有一些常用的有限元分析模型,包括实体模型、板桁组合模型、平面桁架模型和空间梁格模型。

(1) 实体模型。实体模型按照组合桁腹梁桥的力学特性与组合材料的构造特点,采用梁单元或壳单元模拟钢腹杆,用实体单元模拟混凝土顶板和底板。同时,需要对边界条件进行详细设定,包括钢腹杆与混凝土板的接触、自由度耦合等。在材料本构与边界条件合理的情况下,实体模型可以非常直观、精确地模拟空间结构的受力状态,还能模拟细部尺寸构造。此外,实体模型不需要过多简化,可以按照图纸实际尺寸建立模型,以避免简化过程中产生误差,理论上是一种非常理想的有限元分析模型。但实体模型在有限元分析时会产生巨量的节点与单元,使得计算难度增加,计算时间变长,同时细部修改非常麻烦,甚至需要重新建模才能解决。对于实际工程来说,其精度过高且效率低下。因此,实体模型常用于条件允许时的学术研究。

(2) 板桁组合模型。与实体单元模型类似,板桁组合模型将组合桁腹梁桥中的钢腹杆简化为梁单元或薄壳单元,将混凝土顶板和底板简化为板壳单元,这样可以保证有限元分析模型在外观上接近实际模型,还能较为准确地模拟桥体的力学性能。

(3) 平面桁架模型。在平面桁架模型中,将组合桁腹梁桥的混凝土顶板、底板分别简化为桁架结构的上弦杆和下弦杆,且将这些弦杆与钢腹杆组合在一起,构成平面桁架结构。这类模型在分析计算前需要建立力学方面的基本假设,并根据混凝土桥面板截面部分与钢材弹性模量之比,将原始截面折算成等效钢截面,最后以此确定等效桁架的上下弦杆的具体尺寸。由于简化前后模型差别巨大,且在简化中加入了许多力学方面的基本假设,导致设计计算后结果无法直观地表现,需要额外验证。

(4) 空间梁格模型。通过空间梁格分析法将组合桁腹梁桥中的混凝土顶板、底板离散化,使其划分为若干道纵横向的梁格,而对于钢腹杆依旧采用梁单元或薄壳单元。此模型中,桥梁整体结构计算精度十分依赖梁格网的划分形式,不同的网格划分方式和划分数量造成的计算结果差别较大。

2.2　组合桁腹连续梁桥理论模型的建立

组合桁腹连续梁桥的力学性能主要表现在两个方面:一是在恒载作用下,由于支点负弯矩区域的卸载作用,跨中最大正弯矩显著减小;二是桥体由混凝土顶板、底板与钢腹杆共同承担荷载作用,且钢腹杆组成的桁架结构截面不连续,导致顶板的纵向不满足平截面假定,不能用单一的梁单元计算,桥面板受力处在多节点支撑下受力更复杂。

从 2.1 节的分析中不难看出,不同分析方法需要配合不同的有限元分析模型,且各类方法和模型的计算难度与精度都不一样,因此本书的首要目的是建立合理的分析方法和有限元分析模型。考虑到本书的研究重点为桁-箱等效问题,侧重点在于等效前后模型内力与变形相同与否,那么在有限元分析模型中使用实体模型作为检验标准之一就显得尤为重要;分析方法则采用折中的换算薄壁箱梁法,以此在保证精度的情况下降低分析难度,加快分析速度。

典型的组合桁腹连续梁桥实际模型如图 2.1 所示，为方便后续理论推导，本书将对实际模型进行合理简化，重点是组合桁腹梁桥横截面与钢腹杆的简化，但为了能够有效验证组合桁腹连续梁桥桁-箱等效理论，对于有限元分析模型只在理论分析时进行合理简化。

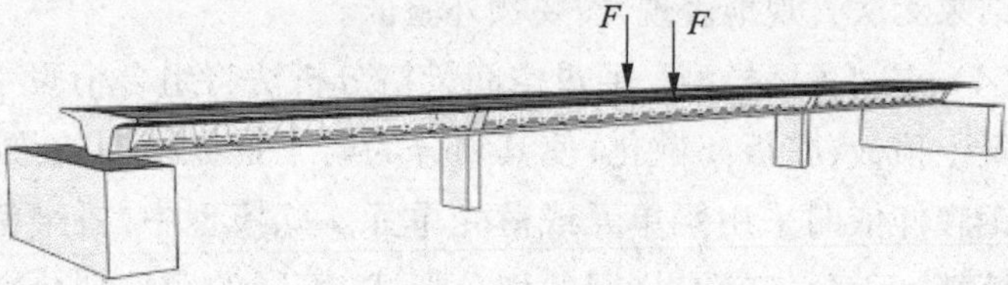

图 2.1　典型的组合桁腹连续梁桥实际模型

根据等效宽度折算法，将组合桁腹梁桥钢腹杆简化为一个等效的平面桁架，将混凝土顶板、底板简化为薄壳结构，并且对不同材料的连接部分进行等效处理，从而将原本复杂的实际模型简化为矩形平壳单元和梁单元组成的简化模型，如图 2.2 所示。

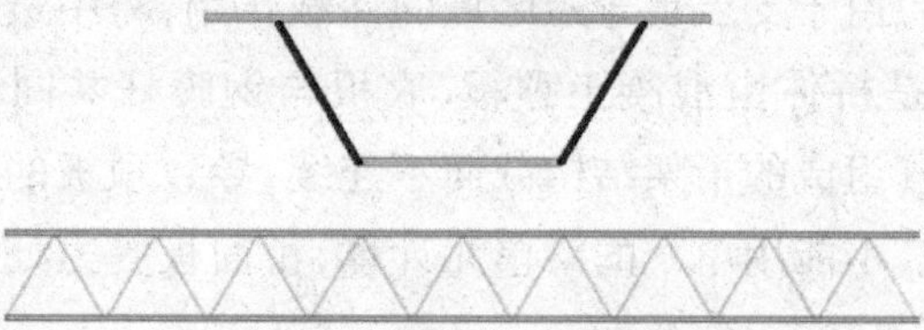

图 2.2　组合桁腹梁桥简化模型

为了便于理论推导，本书假定所有材料处于线弹性状态，即因外力产生变形时不发生塑性变形；虚设力垂直作用于混凝土顶板时，钢腹杆完全承受剪力，且剪力可以分为面内力与面外力；混凝土顶板、底板的弯曲变形和轴向变形满足平截面假定，且它们的变形相等。

假设将组合桁腹梁桥的横截面等效为图 2.3 所示的结构。由于其截面对称，且不考虑混凝土局部变形，那么在施加外荷载时，必然对钢腹杆产生面内和面外弯矩。因此,本书虚设力 F 可以分为 F_W 和 F_N,且 F_N 可对钢腹杆产生轴力 N,它们都作用于节点处,对其产生的平面内和平面外弯矩将分别讨论。

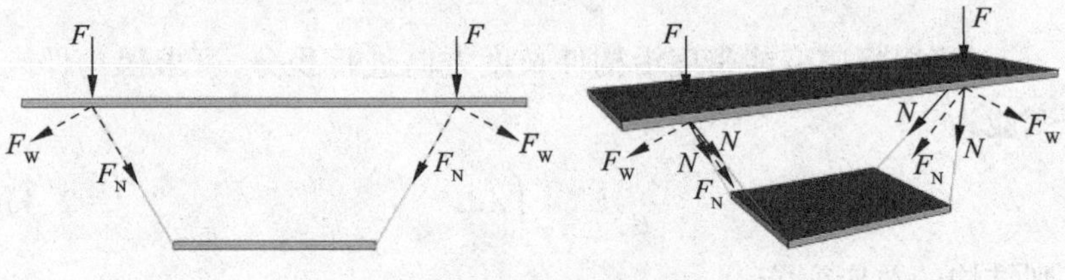

图 2.3　虚设力分解示意图

2.3　钢腹杆等效成钢腹板

构件的应变能 U^e 是构件由于发生弹性形变而产生的能量,根据形变特点可以分为轴向应变能、剪切应变能和弯曲应变能。它们是将截面内力在应变上所做的功沿构件长度方向进行积分得到的,其中截面内力在应变上所做的功为应变能密度 A_i,构件总应变能密度 A 是截面内力在应变上所做功的和,包含轴向、剪切和弯曲结构的总应变能 U 是各个构件的应变能之和。

轴向应变能密度、剪切应变能密度和弯曲应变能密度可分别表示为

$$A_\varepsilon = \int_0^\varepsilon N\mathrm{d}\varepsilon\ ,\ A_\gamma = \int_0^\gamma Q\mathrm{d}\gamma\ ,\ A_\kappa = \int_0^\kappa M\mathrm{d}\kappa \tag{2.1a}$$

$$A = A_\varepsilon + A_\gamma + A_\kappa = \int_0^\varepsilon N\mathrm{d}\varepsilon + \int_0^\gamma Q\mathrm{d}\gamma + \int_0^\kappa M\mathrm{d}\kappa \tag{2.1b}$$

根据材料力学中截面内力与广义应变之间的关系可知,在线弹性范围内轴力 N、剪力 Q 和弯矩 M 与对应的广义应变 $\varepsilon,\gamma,\kappa$ 之间存在如下关系:

$$N = EA\varepsilon\ ,\ Q = \frac{GA}{k}\gamma\ ,\ M = EI\kappa \tag{2.2}$$

在理论推导范围内，本书假设所有材料为均质的线弹性材料，将式(2.2)代入式(2.1)可得

$$A = A_\varepsilon + A_\gamma + A_\kappa = \frac{1}{2}EA\varepsilon^2 + \frac{1}{2}\frac{GA}{k}\gamma^2 + \frac{1}{2}EI\kappa^2 \tag{2.3}$$

此时，将应变能密度沿构件长度方向进行积分，可求得构件应变能为

$$U^e = \int_s A\mathrm{d}s \tag{2.4}$$

则结构的总应变能为

$$U = \sum_e U^e \tag{2.5}$$

如图2.4所示，为便于理论推导，本书首先假设易测得的已知基本变量，包括：斜腹板倾角 α，斜腹杆与水平方向的夹角 φ，一节桁架的长度 l，一根钢腹杆的长度 l_t，钢腹杆截面面积 A_t，桁架高度 h，梁高 d。

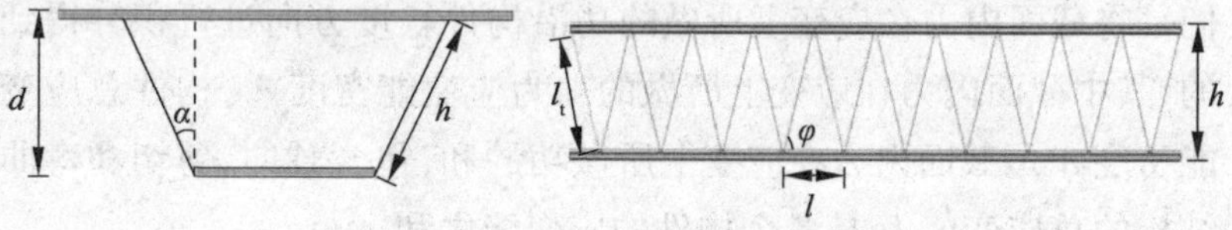

图2.4　假设已知的基本变量

2.3.1　等效前钢腹杆的结构应变能

(1)面内变形产生的结构应变能

一般地，组合桁腹连续梁桥钢腹杆为斜向排列，呈三角形布局，如图2.5所示，取其中一根进行分析。

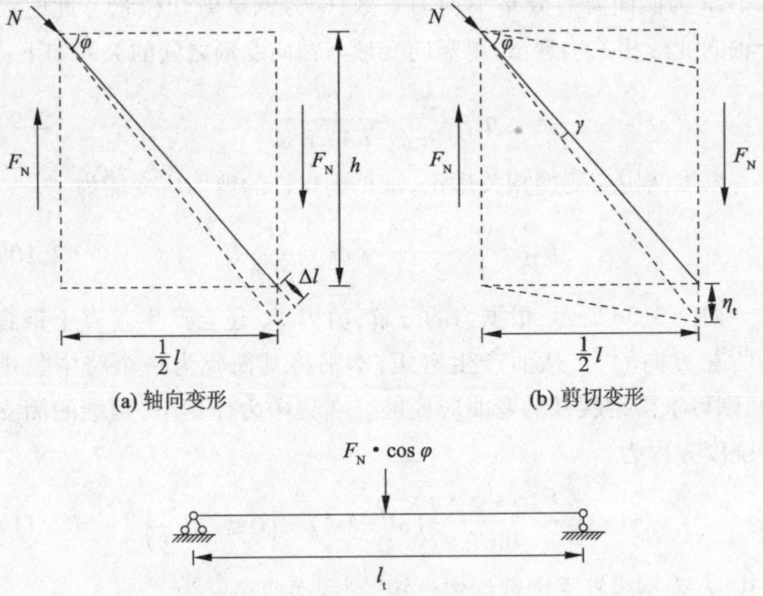

图 2.5　钢腹杆面内结构应变能

如图 2.5a 所示，剪力 F_N 会对钢腹杆产生轴力 N。在轴力 N 的作用下，钢腹杆产生轴向变形，根据材料力学相关知识可知轴向应变 ε_t 为

$$\varepsilon_t = \frac{\Delta l}{l_t} = \frac{N}{EA_t} \tag{2.6}$$

根据结构应变能相关理论，求得钢腹杆的轴向应变能为

$$U_{T1} = \int_0^{l_t} \frac{1}{2} EA_t \varepsilon_t^2 \mathrm{d}s = \frac{N^2 l_t}{2EA_t} \tag{2.7}$$

如图 2.5b 所示，剪力 F_N 除了对钢腹杆产生轴力外，还会使钢腹杆发生剪切变形，产生剪切角 γ，则

$$\gamma = \frac{kF_N}{GA_t} \tag{2.8}$$

式中:k 为截面剪力分布不均匀系数;G 为钢材剪切模量。此时结合轴向变形相关物理量,得竖向变形与轴向变形之间的关系如下:

$$\eta_{\mathrm{t}}=\frac{\Delta l}{\sin\varphi}=\frac{Nl_{\mathrm{t}}}{EA_{\mathrm{t}}\sin\varphi} \tag{2.9}$$

根据结构应变能相关理论,求得钢腹杆的剪切应变能为

$$U_{\mathrm{T2}}=\int_0^{l_{\mathrm{t}}}\frac{1}{2}\frac{GA_{\mathrm{t}}}{k}\gamma^2\mathrm{d}s=\frac{kF_{\mathrm{N}}^2}{2GA_{\mathrm{t}}}l_{\mathrm{t}} \tag{2.10}$$

如图 2.5c 所示,根据力的分解,剪力 F_{N} 还会产生垂直于钢腹杆所在方向的力,从而产生弯矩,本书将其简化为一个跨中集中力,则可求得钢腹杆的弯曲应变能。在集中力作用下,两端的简支杆挠度方程为

$$y(x)=\frac{F_{\mathrm{N}}\cos\varphi\cdot x}{48EI_{\mathrm{t}}}(3l_{\mathrm{t}}^2-4x^2)\quad\left(0\leqslant x\leqslant\frac{l_{\mathrm{t}}}{2}\right) \tag{2.11}$$

式中:I_{t} 为钢腹杆受力截面惯性矩,则截面曲率 κ 为

$$\kappa=y''(x)=-\frac{F_{\mathrm{N}}\cos\varphi}{2EI_{\mathrm{t}}}x \tag{2.12}$$

根据结构应变能相关理论,求得钢腹杆的弯曲应变能为

$$U_{\mathrm{T3}}=2\int_0^{\frac{l_{\mathrm{t}}}{2}}\frac{1}{2}EI_{\mathrm{t}}\kappa^2\mathrm{d}s=\frac{F_{\mathrm{N}}^2\cos^2\varphi}{96EI_{\mathrm{t}}}l_{\mathrm{t}}^3\quad\left(0\leqslant x\leqslant\frac{l_t}{2}\right) \tag{2.13}$$

(2) 面外变形产生的结构应变能

从顺桥方向看,组合桁腹连续梁桥中钢腹杆组成的平面是倾斜的,与竖直方向的夹角为 α,故会受到一个垂直于钢腹杆所在平面的面外力,设这个面外力为 F_{W},且以均布荷载 q 的形式作用于钢腹杆上,如图 2.6 所示。

此时,钢腹杆的挠度方程为

$$y(x)=\frac{1}{EI_{\mathrm{t}}}\left(-\frac{q}{24}x^4+\frac{ql_{\mathrm{t}}}{12}x^3-\frac{ql_{\mathrm{t}}^2}{24}x^2\right) \tag{2.14}$$

钢腹杆截面曲率为

$$\kappa = y''(x) = \frac{q}{2EI_t}\left(-x^2 + l_t x - \frac{l_t^2}{6}\right) \tag{2.15}$$

根据结构应变能相关理论,求得钢腹杆的弯曲应变能为

$$U_{TW} = \int_0^{l_t} \frac{1}{2} EI_t \kappa^2 ds = \frac{F_W^2 l_t^3}{1\,440EI_t} \tag{2.16}$$

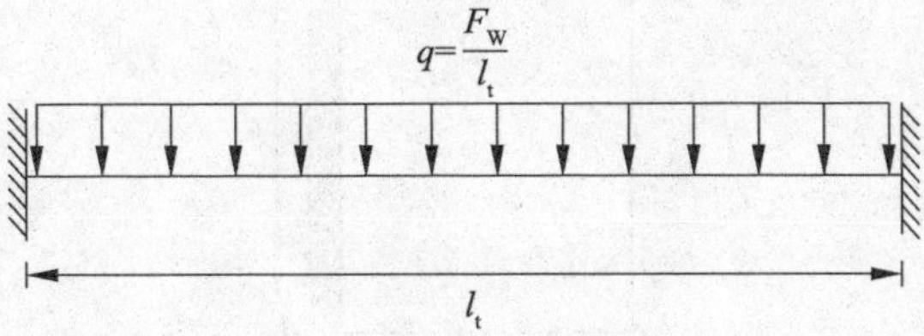

图 2.6　钢腹杆面外受力变形

(3) 等效前钢腹杆的总结构应变能

在分别求得不同变形下的结构应变能后,将其相加即可得到钢腹杆的总结构应变能 U_T 为

$$U_T = U_{T1} + U_{T2} + U_{T3} + U_{TW} = \frac{N^2}{2EA_t} l_t + \frac{kF_N^2}{2GA_t} l_t + \frac{F_N^2 \cos^2\varphi}{96EI_t} l_t^3 + \frac{F_W^2 l_t^3}{1\,440EI_t} \tag{2.17}$$

2.3.2　等效后钢腹板的结构应变能

(1) 面内变形产生的结构应变能

如图 2.7 所示,以每根钢腹杆为平面对角线,将这一平面等效替换为钢腹板,这些钢腹板连接后形成一个整体。现取一根钢腹杆等效为钢腹板进行分析。如图 2.8 所示,钢腹板在面内会受到一个面内剪力 F_N,相应地,钢腹板会产生轴向变形、剪切变形和弯曲变形。

如图 2.8a 所示,面内剪力 F_N 会对钢腹杆产生轴力 N。在轴力 N 的作用下,钢腹板产生轴向变形,根据材料力学相关知识,可知轴向应变 ε_S 为

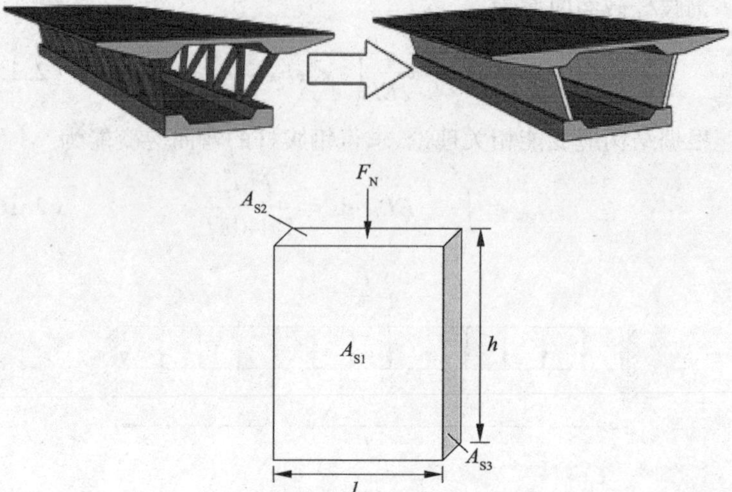

图 2.7　等效钢腹板单元箱梁示意图

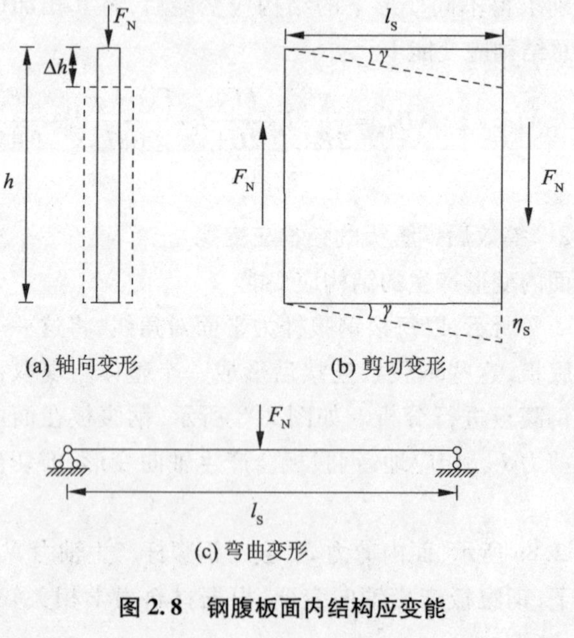

图 2.8　钢腹板面内结构应变能

$$\varepsilon_{\mathrm{S}}=\frac{\Delta h}{h}=\frac{F_{\mathrm{N}}}{EA_{\mathrm{S2}}} \tag{2.18}$$

式中：h 为钢腹板高度；A_{S2} 为钢腹板受轴力的截面面积。因此，

$$\Delta h=\frac{F_{\mathrm{N}}h}{EA_{\mathrm{S2}}} \tag{2.19}$$

则

$$U_{\mathrm{S1}}=\int_0^h \frac{1}{2}EA_{\mathrm{S2}}\varepsilon_{\mathrm{S}}^2\mathrm{d}s=\frac{F_{\mathrm{N}}^2h}{2EA_{\mathrm{S2}}}=\frac{F_{\mathrm{N}}^2h}{2E\cdot\dfrac{1}{2}l\cdot t}=\frac{F_{\mathrm{N}}^2h}{El}\cdot\frac{1}{t} \tag{2.20}$$

式中：t 为钢腹板厚度；l_{S} 为钢腹板长度，且 $l_{\mathrm{S}}=\dfrac{1}{2}l$。

如图 2.8b 所示，剪力 F_{N} 除了对钢腹板产生轴力外，还会使钢腹板发生剪切变形，产生剪切角 γ，则

$$\gamma=\frac{kF_{\mathrm{N}}}{GA_{\mathrm{S1}}} \tag{2.21}$$

式中：k 为截面剪力分布不均匀系数；G 为钢材剪切模量；A_{S1} 为钢腹板表面面积。因剪切角 γ 很小，故可以认为 $\tan\gamma\approx\gamma$，即

$$\tan\gamma\approx\gamma=\frac{kF_{\mathrm{N}}}{GA_{\mathrm{S1}}}=\frac{\eta_{\mathrm{S}}}{l_{\mathrm{S}}}=\frac{\eta_{\mathrm{S}}}{\dfrac{l}{2}}\Rightarrow\eta_{\mathrm{S}}=\frac{kF_{\mathrm{N}}l}{2GA_{\mathrm{S1}}} \tag{2.22}$$

根据剪切变形相等的原则可知，钢腹杆与钢腹板剪切变形产生的竖向位移应相等，则可求得钢腹板所受轴力 N，公式推导如下：

$$\eta_{\mathrm{t}}=\eta_{\mathrm{S}}\Rightarrow\frac{Nl_{\mathrm{t}}}{EA_{\mathrm{t}}\sin\varphi}=\frac{kF_{\mathrm{N}}l}{2GA_{\mathrm{S1}}}\Rightarrow N=\frac{kF_{\mathrm{N}}lEA_{\mathrm{t}}\sin\varphi}{2GA_{\mathrm{S1}}l_{\mathrm{t}}} \tag{2.23}$$

则

$$U_{\mathrm{S2}}=\int_0^t \frac{1}{2}\,\frac{GA_{\mathrm{S1}}}{k}\gamma^2\mathrm{d}s=\frac{kF_{\mathrm{N}}^2}{2GA_{\mathrm{S1}}}t \tag{2.24}$$

如图 2.8c 所示，根据力的分解，剪力 F_{N} 还会产生垂直于钢腹板延伸平面的力，从而产生弯矩，本书将其简化为一个跨中集中力，则可求得钢腹板的弯曲应变能。在集中力作用下，两端的简支

杆挠度方程为

$$y(x)=\frac{F_{\mathrm{N}}x}{48EI_{\mathrm{S3}}}(3l_{\mathrm{S}}^{2}-4x^{2})\quad\left(0\leqslant x\leqslant\frac{l_{\mathrm{S}}}{2}\right)\tag{2.25}$$

式中：I_{S3} 为钢腹板受力截面惯性矩，$I_{\mathrm{S3}}=\frac{th^{3}}{12}$，则截面曲率 κ 为

$$\kappa=y''(x)=\frac{F_{\mathrm{N}}}{48EI_{\mathrm{S3}}}\cdot(-24x)=-\frac{F_{\mathrm{N}}x}{2EI_{\mathrm{S3}}}\tag{2.26}$$

则

$$U_{\mathrm{S3}}=2\int_{0}^{\frac{l_{\mathrm{S}}}{2}}\frac{1}{2}EI\left(\frac{F_{\mathrm{N}}x}{2EI_{\mathrm{S3}}}\right)^{2}\mathrm{d}s=\frac{F_{\mathrm{N}}^{2}l^{3}}{64Eh^{3}}\cdot\frac{1}{t}\tag{2.27}$$

(2) 面外变形产生的结构应变能

在受到竖直向下的虚设力后，倾斜的钢腹板不仅受到剪力，还受到一个垂直于钢腹板平面向外的分力，设这个面外分力为 F_{W}，且以均布荷载 q 的形式作用于钢腹板上，如图 2.9 所示。

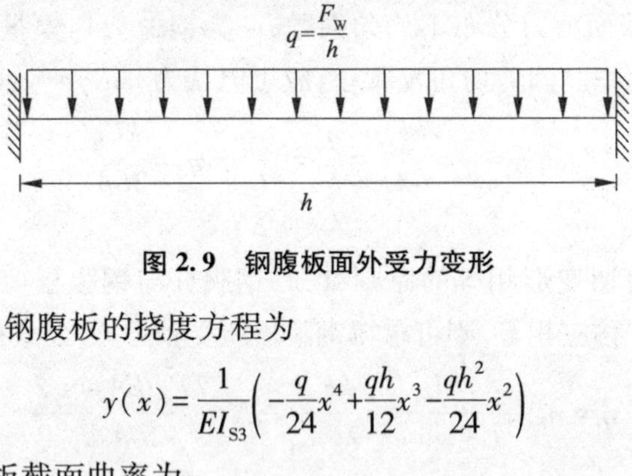

图 2.9　钢腹板面外受力变形

此时，钢腹板的挠度方程为

$$y(x)=\frac{1}{EI_{\mathrm{S3}}}\left(-\frac{q}{24}x^{4}+\frac{qh}{12}x^{3}-\frac{qh^{2}}{24}x^{2}\right)\tag{2.28}$$

钢腹板截面曲率为

$$\kappa=y''(x)=\frac{q}{2EI_{\mathrm{S3}}}\left(-x^{2}+hx-\frac{h^{2}}{6}\right)\tag{2.29}$$

根据结构应变能相关理论，求得钢腹板的弯曲应变能为

$$U_{\mathrm{SW}}=\int_0^h \frac{1}{2}EI_{\mathrm{S3}}\kappa^2\mathrm{d}s=\frac{F_{\mathrm{W}}^2h^3}{1\ 440EI_{\mathrm{S3}}}=\frac{F_{\mathrm{W}}^2h^3}{120El_{\mathrm{S}}^3}\cdot\frac{1}{t}=\frac{F_{\mathrm{W}}^2h^3}{15El^3}\cdot\frac{1}{t} \tag{2.30}$$

(3) 等效后钢腹板的总结构应变能

在分别求得不同变形下的结构应变能后，将其相加即可得到钢腹板的总结构应变能 U_{S} 为

$$U_{\mathrm{S}}=U_{\mathrm{S1}}+U_{\mathrm{S2}}+U_{\mathrm{S3}}+U_{\mathrm{SW}}=\frac{F_{\mathrm{N}}^2h}{El}\cdot\frac{1}{t}+\frac{kF_{\mathrm{N}}^2}{2GA_{\mathrm{S1}}}t+\frac{F_{\mathrm{N}}^2l^3}{64Eh^3}\cdot\frac{1}{t}+\frac{F_{\mathrm{W}}^2h^3}{15El^3}\cdot\frac{1}{t} \tag{2.31}$$

2.3.3　钢腹杆等效成钢腹板的厚度计算

根据等效前后总应变能相等的原则，令 $U_{\mathrm{T}}=U_{\mathrm{S}}$，即

$$\frac{N^2}{2EA_{\mathrm{t}}}l_{\mathrm{t}}+\frac{kF_{\mathrm{N}}^2}{2GA_{\mathrm{t}}}l_{\mathrm{t}}+\frac{F_{\mathrm{N}}^2\cos^2\varphi}{96EI_{\mathrm{t}}}l_{\mathrm{t}}^3+\frac{F_{\mathrm{W}}^2l_{\mathrm{t}}^3}{1\ 440EI_{\mathrm{t}}}=\frac{F_{\mathrm{N}}^2h}{El}\cdot\frac{1}{t}+\frac{kF_{\mathrm{N}}^2}{2GA_{\mathrm{S1}}}t+\frac{F_{\mathrm{N}}^2l^3}{64Eh^3}\cdot\frac{1}{t}+\frac{F_{\mathrm{W}}^2h^3}{15El^3}\cdot\frac{1}{t} \tag{2.32}$$

已知 $F_{\mathrm{N}}=F\cdot\cos\alpha$，$F_{\mathrm{W}}=F\cdot\sin\alpha$，同一种材料的弹性模量 E、剪切模量 G 与其泊松比 μ 之间的关系为 $E=2(1+\mu)G$，等效前后材料不变，即 $\mu=0.3$，故本书假设剪力沿截面均匀分布，则截面不均匀系数 k 为 1。式(2.32)两边可以约掉 F,G,E，合并同类项后，得

$$\frac{720N_{\mathrm{t}}^2l_{\mathrm{t}}I_{\mathrm{t}}+A_{\mathrm{t}}l_{\mathrm{t}}^3\cos^2\alpha\cos^2\varphi+1\ 872l_{\mathrm{t}}I_{\mathrm{t}}\cos^2\alpha+A_{\mathrm{t}}l_{\mathrm{t}}^3\sin^2\alpha}{1\ 440A_{\mathrm{t}}I_{\mathrm{t}}}=\frac{2.6\cos^2\alpha}{hl}\cdot t+\frac{64h^4l^2\cos^2\alpha+l^6\cos^2\alpha+5h^6\sin^2\alpha}{64h^3l^3}\cdot\frac{1}{t} \tag{2.33}$$

由于 $t>0$，故两边同乘 t，得

$$\frac{2.6\cos^2\alpha}{hl}t^2-\frac{720N_{\mathrm{t}}^2l_{\mathrm{t}}I_{\mathrm{t}}+A_{\mathrm{t}}l_{\mathrm{t}}^3\cos^2\alpha\cos^2\varphi+1\ 872l_{\mathrm{t}}I_{\mathrm{t}}\cos^2\alpha+A_{\mathrm{t}}l_{\mathrm{t}}^3\sin^2\alpha}{1\ 440A_{\mathrm{t}}I_{\mathrm{t}}}t+$$

$$\frac{64h^4l^2\cos^2\alpha+l^6\cos^2\alpha+5h^6\sin^2\alpha}{64h^3l^3}=0 \tag{2. 34}$$

对式(2. 34)进行二次项系数归一化处理,得

$$t^2+K_1t+K_2=0 \tag{2. 35}$$

式中:

$$K_1=-\frac{720N_t^2l_tI_t+A_tl_t^3\cos^2\alpha\cos^2\varphi+1\ 872l_tI_t\cos^2\alpha+A_tl_t^3\sin^2\alpha}{1\ 440A_tI_t}\cdot\frac{hl}{2.\ 6\cos^2\alpha};$$

$$K_2=\frac{64h^4l^2\cos^2\alpha+l^6\cos^2\alpha+5h^6\sin^2\alpha}{64h^2l^2}\cdot\frac{1}{2.\ 6\cos^2\alpha}。$$

由式(2. 35)可得

$$\left(t+\frac{K_1}{2}\right)^2-\frac{K_1^2}{2^2}+K_2=0 \tag{2. 36}$$

结合实际易知 $K_1<0,K_2>2,t_1<-\frac{K_1}{2}<t_2$,可假设 $K_1^2-4K_2>0$,当 $t=-\frac{K_1}{2}$时,式(2. 35)可表示为$\frac{K_1^2}{4}-\frac{K_1^2}{2}+K_2=-\frac{K_1^2}{4}+K_2=-\frac{1}{4}(K_1^2-4K_2)<0$;当 $t=0$ 时,式(2. 35)$=K_2>0$。

因此,$0<t_1<-\frac{K_1}{2}<t_2$,当$|K_1|$较大时,t_2 显然不符合实际情况,通常应该舍去。

由式(2. 36)可得

$$t+\frac{K_1}{2}=\pm\sqrt{\frac{K_1^2}{2^2}-K_2}\Rightarrow t=\begin{cases}t_1=\dfrac{-K_1-\sqrt{K_1^2-4K_2}}{2}\\t_2=\dfrac{-K_1+\sqrt{K_1^2-4K_2}}{2}（舍去）\end{cases} \tag{2. 37}$$

因此,将钢腹杆转化为钢腹板时的厚度为 $t=\frac{-K_1-\sqrt{K_1^2-4K_2}}{2}$。

2.4　钢腹板等效成混凝土腹板

为了便于使用现有箱梁理论研究组合桁腹连续梁桥,本书在将钢腹杆等效为钢腹板后还需要进行材料转换,使桥梁顶板、底板和腹板使用同一种材料,这样得到的抗弯、抗剪、挠度等性能的准确度会更高。

目前,日本相关规范已有将桥梁部分桁架等效为一定厚度的混凝土腹板的计算方法,宛青云也对 $\alpha=0°$ 时的组合桁腹梁桥进行了等效公式推导。钢腹板等效为混凝土腹板的基本假定如下:

(1) 所有材料均为线弹性材料;

(2) 等效前后桥梁横截面的形心不变;

(3) 剪应力对应的合力相等,且应变相等;

(4) 剪应力沿腹板高度方向均匀分布。

根据剪力合力大小相等的原则,有

$$A_c\tau_c=A_s\tau_s\Rightarrow\frac{A_c}{A_s}=\frac{\tau_s}{\tau_c}\tag{2.38}$$

式中:A_c 为混凝土腹板截面面积;A_s 为钢腹板截面面积;τ_c 为混凝土腹板中的剪应力;τ_s 为钢腹板中的剪应力。根据应变协同即相等原则,得

$$\frac{\tau_c}{G_c}=\frac{\tau_s}{G_s}\Rightarrow\frac{\tau_s}{\tau_c}=\frac{G_s}{G_c}=\alpha=\frac{E_s(1+\mu_c)}{E_c(1+\mu_s)}\tag{2.39}$$

式中:E_c 和 G_c 分别是混凝土的弹性模量和剪切模量;α 是钢材的剪切模量与混凝土的剪切模量的比;μ_c 是混凝土的泊松比;μ_s 是钢材的泊松比。

又因 $\frac{A_c}{A_s}=\frac{\tau_s}{\tau_c}$,得

$$A_c=\alpha\cdot A_s\Rightarrow t_c=\alpha\cdot t_s\tag{2.40}$$

故钢腹板等效为混凝土腹板的厚度 t_c 为

$$t_c = \frac{E_s(1+\mu_c)}{E_c(1+\mu_s)} t_s \tag{2.41}$$

日本规范通过大量的数值模拟和实验数据,拟合出钢腹板等效为连续混凝土腹板的厚度换算公式如下:

$$t_c = \frac{E_c}{G_c} \cdot \frac{bh_t}{\dfrac{d^3}{n_e A_{sd}} + \dfrac{b^3}{3}\left(\dfrac{1}{A_{cu}} + \dfrac{1}{A_{cl}}\right)} \tag{2.42}$$

式中:t_c 是钢腹板等效为混凝土腹板的厚度;b 是一个桁架节间距离的一半;h_t 是抗扭截面高度;d 是钢腹板的实际长度;n_e 是钢材与混凝土的弹性模量之比,$n_e = E_s/E_c$;A_{sd} 是钢腹板的横截面面积;A_{cu} 是钢腹板与混凝土顶板的结合部分纵梁的截面面积;A_d 是钢腹板与混凝土底板的结合部分纵梁的截面面积。以本书参考的模型为例,对两个等效厚度进行结果对比。

本书参考的桥梁模型的标准断面图如图 2.10 所示。其钢材弹性模量 $E_s = 206\ 000$ MPa,混凝土弹性模量 $E_c = 36\ 000$ MPa,钢材泊松比 $\mu_s = 0.3$,混凝土泊松比 $\mu_c = 0.2$,桁架高 $h = 2.3$ m,梁高 $D = 2.782$ m,斜腹杆与水平方向的夹角 $\varphi = 67°$,斜腹板倾角 $\alpha = 30°$,杆的横截面积 $A_t = A_{sd} = 14\ 275.4\ \text{mm}^2$,桁架节间距 $l = 1.95$ m,一根腹杆的长度为 $l_t = d = 2.496$ m,$A_{cu} = 320\ 000\ \text{mm}^2$,$A_{cl} = 244\ 800\ \text{mm}^2$。将上述值代入式(2.40)、式(2.41)和式(2.42),计算结果如表 2.2 所示。

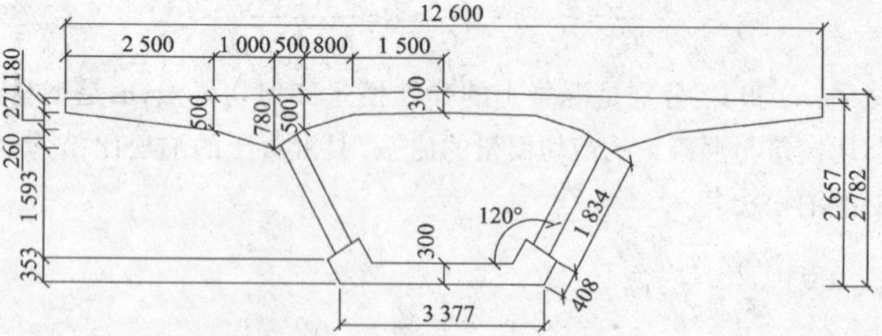

图 2.10　标准断面图(单位:mm)

表 2.2　各方法等效厚度计算

本书计算结果/mm	日本规范值/mm	本书计算结果/日本规范值
24.91	27.94	0.89

2.5　等效理论的有限元验证

为验证式(2.41)的准确性，本书建立了一个组合桁腹连续梁桥模型和等效箱梁模型，通过数值模拟进行初步对比和分析。模拟的工况有中跨跨中集中荷载、每跨跨中集中荷载和满跨均布荷载。

2.5.1　有限元模型的建立

如图 2.11 所示，有限元模型依据实际模型建立。全长 106.338 m，跨径布置为(29.55+47.238+29.55)m。桁架高 2.3 m，梁高 2.782 m，斜腹杆与水平方向的夹角为 67°，斜腹板倾角 α=30°，斜腹杆的横截面积为 14 275.4 mm^2，桁架节间距为 1.95 m，一根腹杆的长度 $l_t=d=2.496$ m。

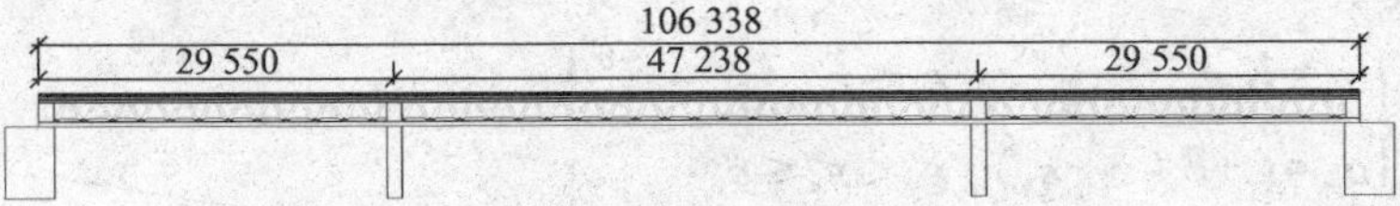

(a) 连续梁桥示意图

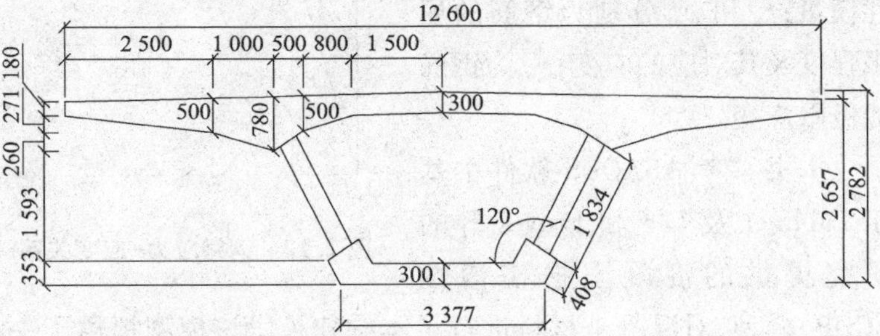

(b) 横截面尺寸图

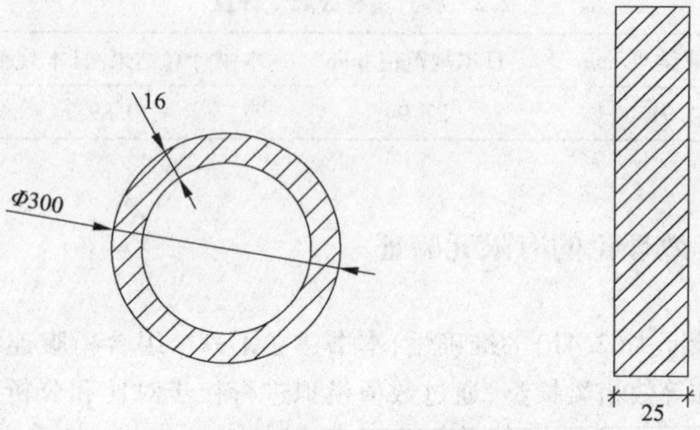

(c) 横腹杆尺寸图　　(d) 桁腹板厚度尺寸图

图 2.11　有限元模型尺寸图(单位:mm)

2.5.2　材料本构模型

本书使用服从 Von. Mises 屈服准则的钢材,即当点应力状态的等效应力达到某一定值,且此定值与应力状态无关时,材料就会发生屈服;而当材料处于塑性状态时,等效应力始终是一定值。因此,钢材应力-应变关系(见图 2.12)采用二折线的弹塑性本构模型:

$$\begin{cases}\sigma_s = E_s\varepsilon_s, & \varepsilon_s \leqslant \varepsilon_y \\ \sigma_s = f_y + E_t(\varepsilon_s - \varepsilon_y), & \varepsilon_y \leqslant \varepsilon_s \leqslant \varepsilon_u\end{cases}$$

式中:$E_t = 0.01E_s$;E_s 为钢筋的弹性模量;f_y 和 ε_y 分别为钢筋的屈服强度及其对应的应变;ε_u 为钢筋的极限应变。

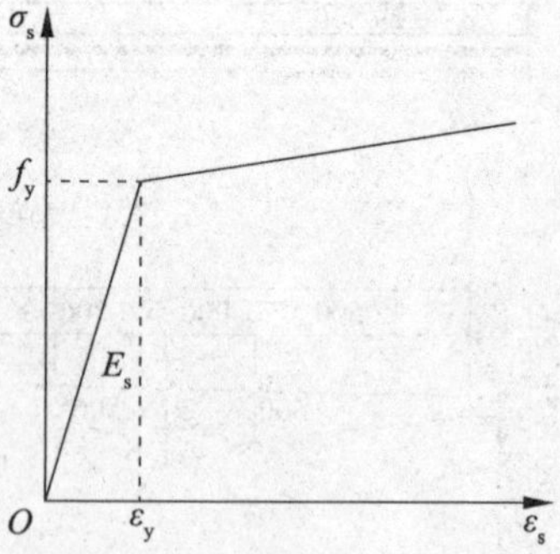

图 2.12　钢材应力-应变关系

本书参考 ABAQUS 软件中基于 Lubliner 及 Lee 和 Fenves 等的研究提供的混凝土损伤塑性(CDP)模型,对混凝土材料进行了本构建模。该模型提供了一种通用的本构模型,可以有效地模拟混凝土或其他准脆性材料的力学行为。在定义 CDP 模型时,需要先输入不同的参数,对于本书所用的混凝土材料,膨胀角 $\psi=30°$,偏心率 $\varepsilon=-0.1$,双轴抗压强度与单轴抗压强度之比 $f_{b0}/f_{c0}=1.16$,不变量应力比 $K=0.667$,黏度参数 $\mu=0$。对于混凝土在抗压和抗拉中的材料非线性,需要通过受压应力-应变曲线和受拉应力-裂缝宽度曲线(见图 2.13)表示。

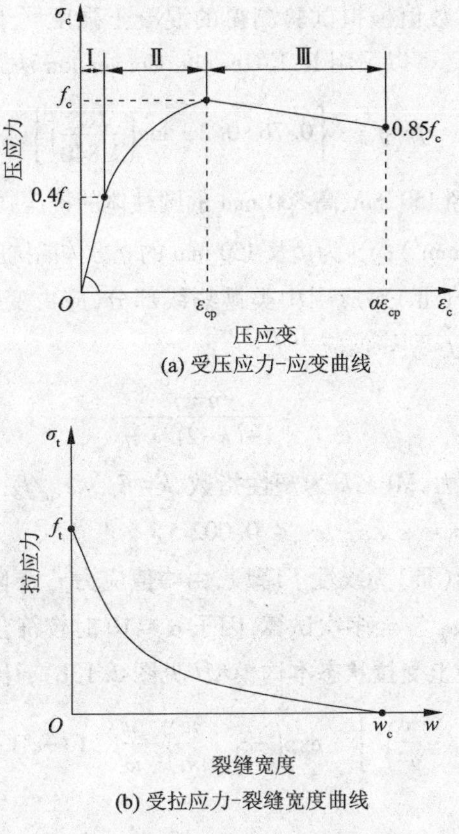

(a) 受压应力-应变曲线

(b) 受拉应力-裂缝宽度曲线

图 2.13　混凝土本构模型

本书的数值模拟采用图 2.13 所示的混凝土本构模型,受压应力-应变曲线(见图 2.13a)分为三部分。

第一部分(Ⅰ)为弹性阶段,比例极限应力为 0. 4 f_c,对应于峰值应力 f_c 的应变为峰值应变 ε_{cp},弹性模量 E_c 由式(2. 43)确定:

$$E_c = E_{c0} \cdot \alpha_E \cdot \left(\frac{f_c}{10}\right)^{\frac{1}{3}} \tag{2.43}$$

式中:E_c 为混凝土的弹性模量,GPa;E_{c0} = 21. 5 GPa;α_E 为钢筋弹性模量与混凝土弹性模量的比值,取值为 1;f_c 为混凝土圆柱体的抗压强度。本书数值模拟试验测得的混凝土强度属于立方体强度,需要进行换算,可以采用 R. L Hermite Conversion 法则:

$$f_c = f_{cu} \cdot \left[0.76 + 0.2 \cdot \log\left(\frac{f_{cu}}{2\,840}\right)\right] \tag{2.44}$$

式中:f_c 为直径 150 mm、高 300 mm 的圆柱体的抗压强度,psi(1 psi = 6. 895×10^{-3} N/mm^2);f_{cu} 为边长 150 mm 的立方体的抗压强度,psi。

第二部分(Ⅱ)对应图中类抛物线部分,应力变化范围从比例极限应力 0. 4 f_c 到峰值应力 f_c:

$$\frac{\sigma_c}{f_c} = \frac{k\eta - \eta^2}{1 + (k-2) \cdot \eta} \tag{2.45}$$

式中:σ_c 为应力,MPa;k 为塑性指数,$k = E_c \cdot \varepsilon_{cp}/f_c$;$\eta$ 为应变与峰值应变之比,$\eta = \varepsilon_c/\varepsilon_{cp}$,$\varepsilon_{cp}$ = 0. 002 5。

第三部分(Ⅲ)为线性下降段,由峰值应力 f_c 下降到 0. 85f_c,对应的应变为 $\alpha\varepsilon_{cp}$。经多次试算,因子 α =10 时较符合试验情况。

对于混凝土受拉状态本构模型(见图 2. 13b),计算公式为

$$\frac{\sigma_t}{f_t} = \left[1 + \left(c_1 \cdot \frac{w}{w_c}\right)^3\right] \cdot \exp\left(-c_2 \cdot \frac{w}{m}\right) - \frac{w}{w_c} \cdot (1 + c^3) \cdot \exp(-c_2) \tag{2.46}$$

式中:σ_t 为混凝土受拉应力,MPa;f_t 为抗拉强度,MPa;w 为裂缝宽度,mm;w_c 为应力完全释放时的裂缝宽度,mm,w_c = 5. 14 GF/f_t,GF = 0. 073 $f_c^{0.18}$;常数 $c_1 = 3$,$c_2 = 6.93$。

2.5.3　网格属性与划分

对有限元模型进行网格划分，其中混凝土顶板、底板和横隔板的网格属性为八节点线性六面体单元（C3D8R），网格尺寸约为 100 mm；混凝土底座的网格属性为四节点三维双线性刚性四边形（R3D4），网格尺寸约为 500 mm。对于等效箱梁，腹板与顶板和底板都是混凝土，网格属性也都为八节点线性六面体单元，网格尺寸约为 100 mm。

采用常规壳单元模拟桁腹杆是因为壳单元可以用于一种特定结构，该结构一个方向的厚度远小于其他方向的尺寸，并忽略沿厚度方向的应力，一般壁厚小于整体长度的$\frac{1}{10}$，本书横腹杆厚度为整体尺寸的$\frac{16}{1\ 834}$，远小于$\frac{1}{10}$，同时 ABAQUS 壳单元假设垂直于壳面的横截面为平面，符合本书模型的实际情况。此外，本书模拟的荷载工况几乎不涉及接触问题，考虑到算力和效率问题，认为常规壳单元更适合本书的横腹杆模型。

2.5.4　接触、边界条件的定义

Assembly 模块装配完成后，需要在 Interaction 模块中定义实体之间的接触或约束关系，以确定不同模型之间的相互作用。本书模型的接触共有两处：第一处是桁腹杆与混凝土顶板、底板的接触，接触部分采用嵌入约束；第二处是桥体与底座的接触，为面与面的绑定接触。具体做法如下：底座和混凝土底板之间的接触关系，切线方向定义为“罚”摩擦，摩擦系数为 0.2，法线方向定义为“硬”接触。除了这两处接触外，还有混凝土支座地面的完全固定边界条件，这样做是为了模拟理想地面情况。

2.5.5　荷载形式

本章荷载使用公路-I 级车道荷载，即每个车道的均布力 $q=10.5$ kN/m，满布整个车道的纵桥向；集中力 $P=600$ kN，施加于

中跨的跨中位置。荷载的横桥向布置如图 2. 14 所示。

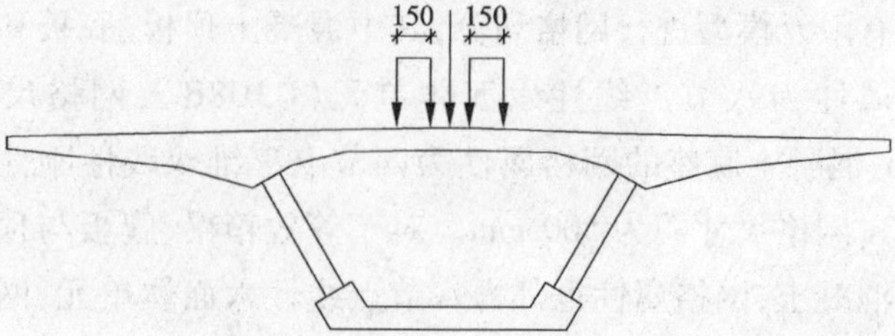

图 2. 14　荷载的横桥向布置(单位:cm)

2.5.6　中跨跨中集中荷载

中跨跨中集中荷载示意图如图 2. 15 所示。

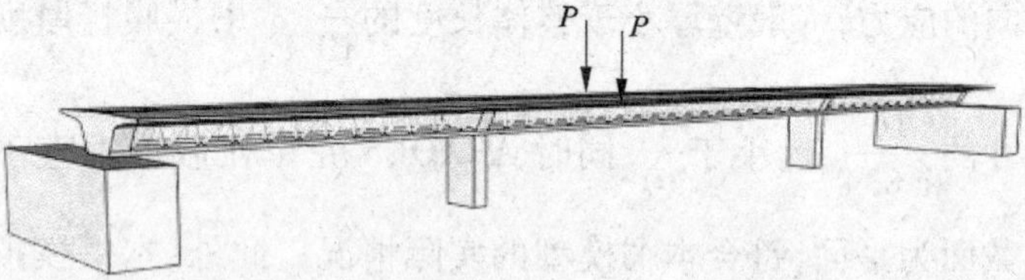

图 2. 15　中跨跨中集中荷载示意图

混凝土顶板正应力云图如图 2. 16 所示,等效前后顶板正应力对比如图 2. 17 所示。

(a) 组合桁腹连续梁桥

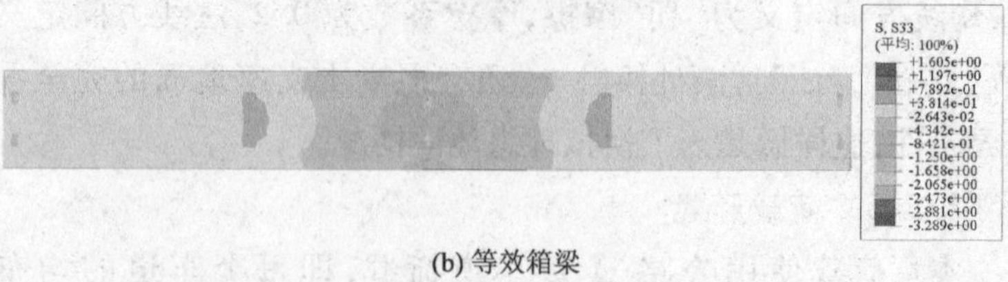

(b) 等效箱梁

图 2. 16　混凝土顶板正应力云图

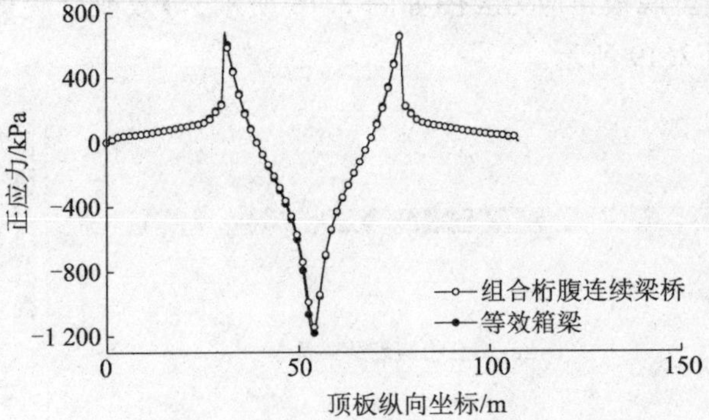

(a) 顶板顺桥向正应力

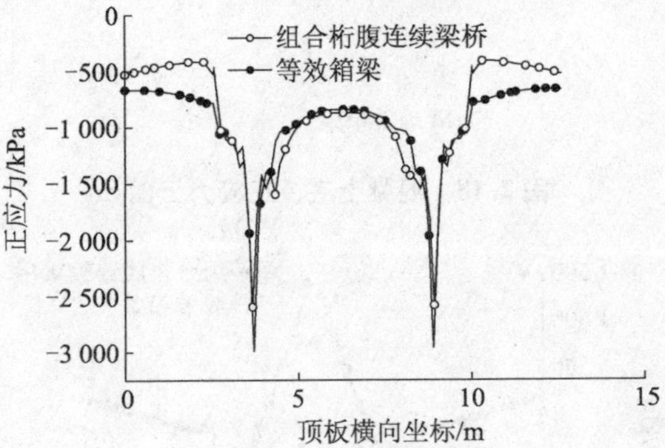

(b) 顶板横桥向正应力

图 2.17　等效前后顶板正应力对比

从图 2.16 和图 2.17 可以看出，等效前后顶板正应力差距不大，荷载作用点处应力峰值显著，主要原因是有限元模型在模拟集中力时会出现应力集中现象。相对于吻合情况非常好的顶板顺桥向正应力，顶板横桥向正应力在顶板横向坐标 $0 \leqslant y \leqslant 2.8$ m 处和 10.2 m $\leqslant y \leqslant 12.6$ m 处差距较大，其余部分吻合良好，主要原因是等效后混凝土箱梁的腹板具有抗弯作用，使横截面中性轴位置变低，从而导致正应力偏大。

混凝土底板正应力云图如图 2. 18 所示,等效前后底板正应力对比如图 2. 19 所示。

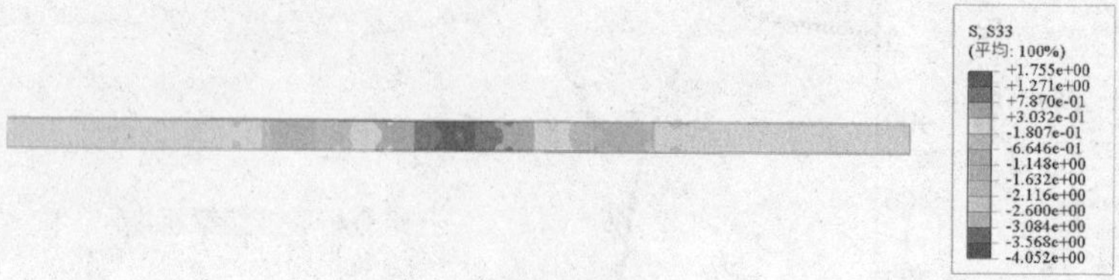

(a) 组合桁腹连续梁桥

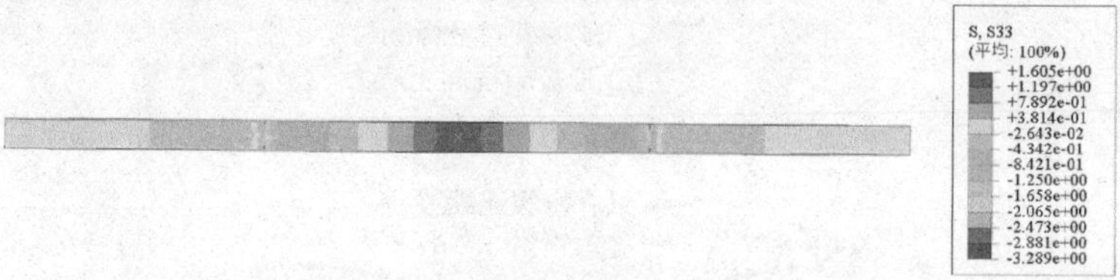

(b) 等效箱梁

图 2. 18　混凝土底板正应力云图

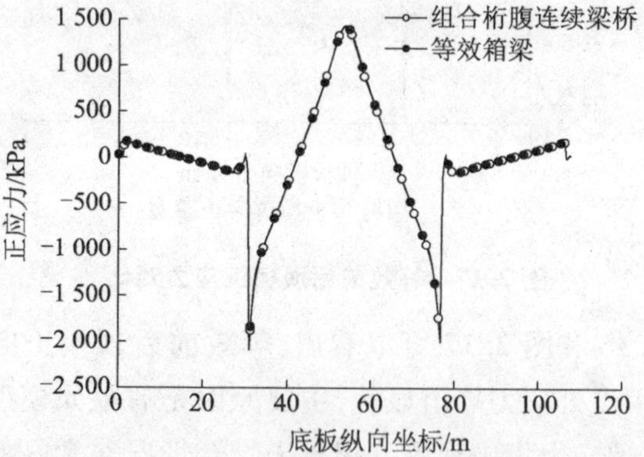

(a) 底板顺桥向正应力

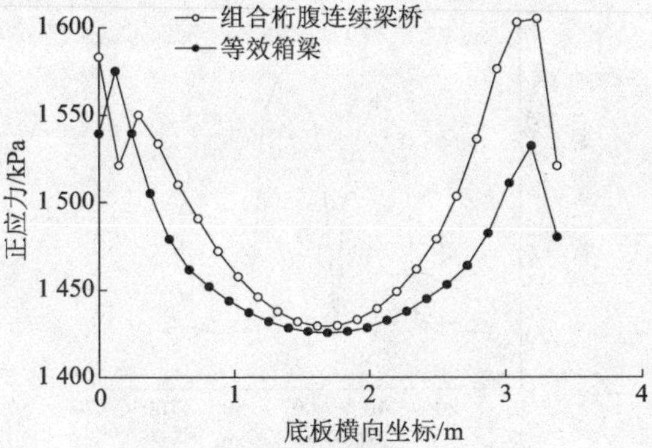

(b) 底板横桥向正应力

图 2.19　等效前后底板正应力对比

从图 2.18 和图 2.19 可以看出，等效前后底板正应力差距不大，相对于吻合情况非常好的底板顺桥向正应力，底板横桥向正应力差距较为明显，但是趋势基本一致。相比于组合桁腹连续梁桥，等效箱梁的底板横桥向正应力较小，主要原因是混凝土箱梁腹板的存在导致其横截面中性轴位置下降。

等效前后竖向挠度对比如图 2.20 所示。

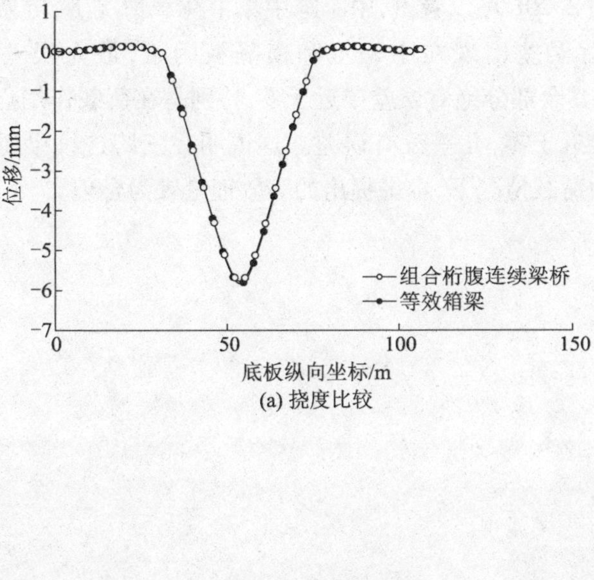

(a) 挠度比较

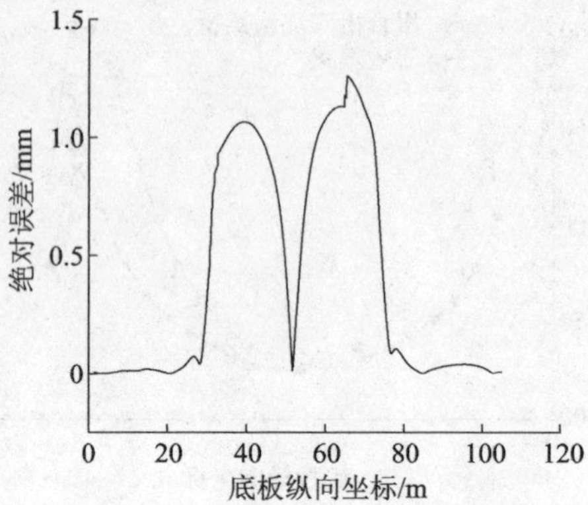

(b) 绝对误差

图 2.20 等效前后竖向挠度对比

从图 2.20a 可以看出,中跨跨中集中荷载情况下,等效前后三跨连续梁挠度曲线几乎一致,无论是趋势还是数值都非常接近。

给定一个实数 A,假设它的近似值为 A^*,那么 $A-A^*$ 反映了近似值和精确值的差异,称 $\eta=A-A^*$ 为 A 取近似值 A^* 时的绝对误差,简称误差。根据以上定义,本书假设等效前后桥梁挠度的绝对误差为:绝对误差=组合桁腹连续梁桥挠度-等效箱梁挠度。

从图 2.20b 可以看出,中跨跨中集中荷载情况下,等效前后挠度的绝对误差出现在中跨上和横隔板附近,最大误差不超过 1.3 mm,其余部分绝对误差接近于零,特别是在荷载作用点处绝对误差也接近于零,几乎没有误差。这说明在三跨连续梁桥的中跨跨中集中荷载情况下,本书提出的等效理论较为合理。

2.5.7　每跨跨中集中荷载

每跨跨中集中荷载示意图如图 2.21 所示。

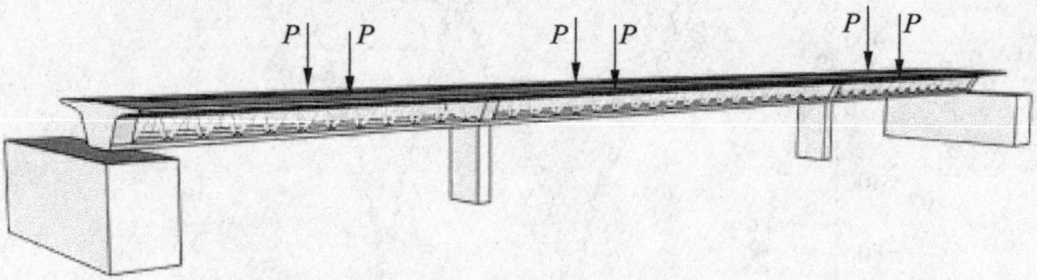

图 2.21　每跨跨中集中荷载示意图

混凝土顶板正应力云图如图 2.22 所示，等效前后顶板正应力对比如图 2.23 所示。

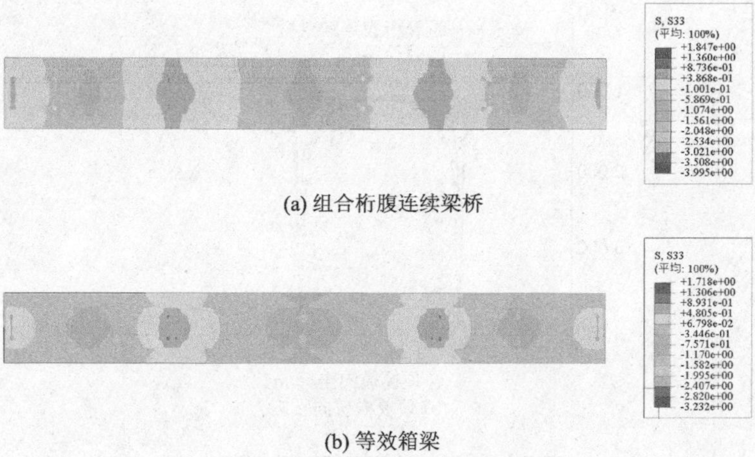

(a) 组合桁腹连续梁桥

(b) 等效箱梁

图 2.22　混凝土顶板正应力云图

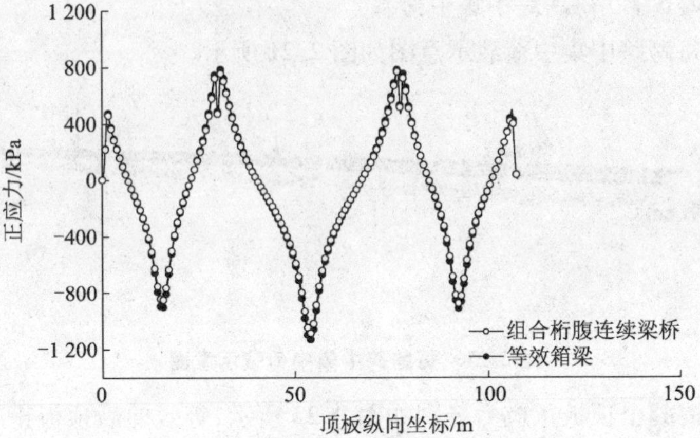

(a) 顶板顺桥向正应力

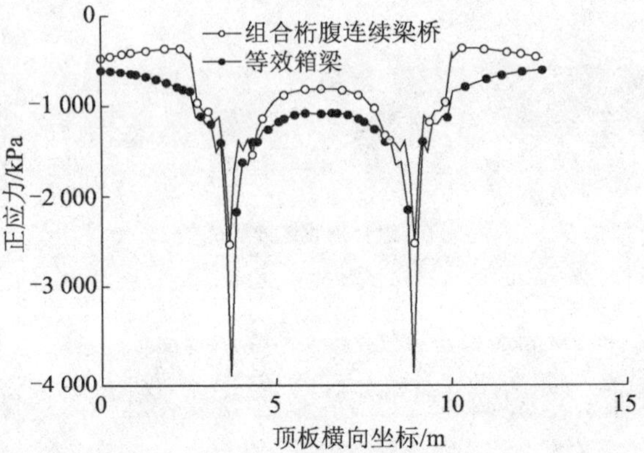

(b) 顶板横桥向正应力

图 2.23　等效前后顶板正应力对比

从图 2.22 和图 2.23 可以看出,等效前后顶板正应力差距不大,荷载作用点处应力峰值显著,主要原因是有限元模型在模拟集中力时会出现应力集中现象。相对于吻合情况非常好的顶板顺桥向正应力,顶板横桥向正应力差距较大,主要原因是等效后混凝土箱梁的腹板具有抗弯作用,使横截面中性轴位置下降,从而导致正应力偏大。

混凝土底板正应力云图如图 2. 24 所示，等效前后底板正应力对比如图 2. 25 所示。

(a) 组合桁腹连续梁桥

(b) 等效箱梁

图 2. 24　混凝土底板正应力云图

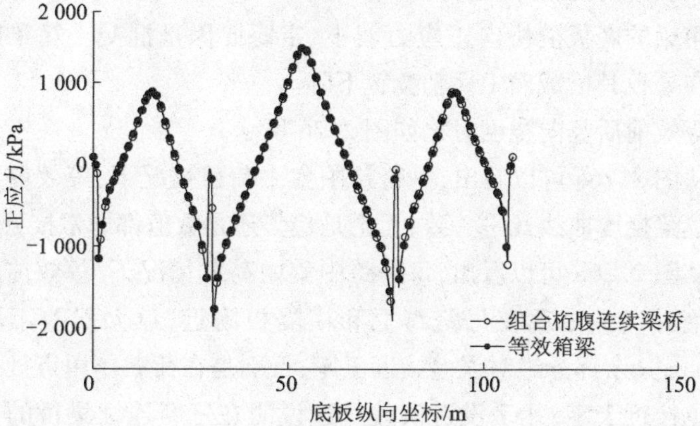

(a) 底板顺桥向正应力

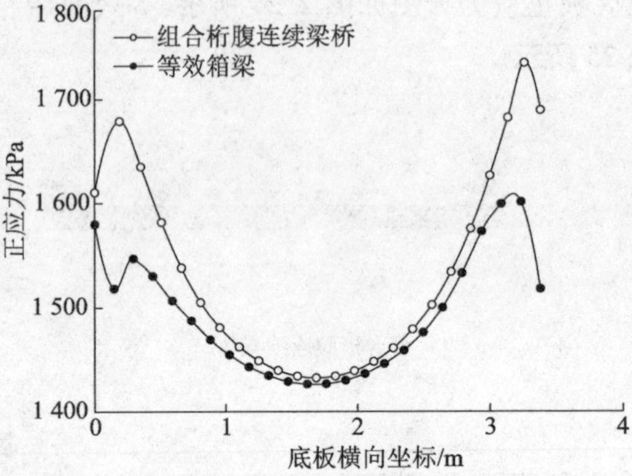

(b) 底板横桥向正应力

图 2.25　等效前后底板正应力对比

从图 2.24 和图 2.25 可以看出，等效前后底板正应力差距不大，相对于吻合情况非常好的底板顺桥向正应力，底板横桥向正应力差距较为明显，但是趋势基本一致。相较于组合桁腹连续梁桥，等效箱梁的底板横桥向正应力较小，主要原因是混凝土箱梁腹板的存在导致其横截面中性轴位置下降。

等效前后竖向挠度对比如图 2.26 所示。

从图 2.26a 可以看出，每跨跨中集中荷载情况下，等效前后三跨连续梁挠度曲线几乎一致，无论是趋势还是数值都非常接近。

从图 2.26b 可以看出，每跨跨中集中荷载情况下，等效前后挠度的绝对误差出现在每跨跨上和横隔板附近，最大误差不超过 1.3 mm，其余部分绝对误差接近于零，特别是在荷载作用点处绝对误差也接近于零，几乎没有误差。这说明在三跨连续梁桥的中跨跨中集中荷载情况下，本书的等效理论较为合理。

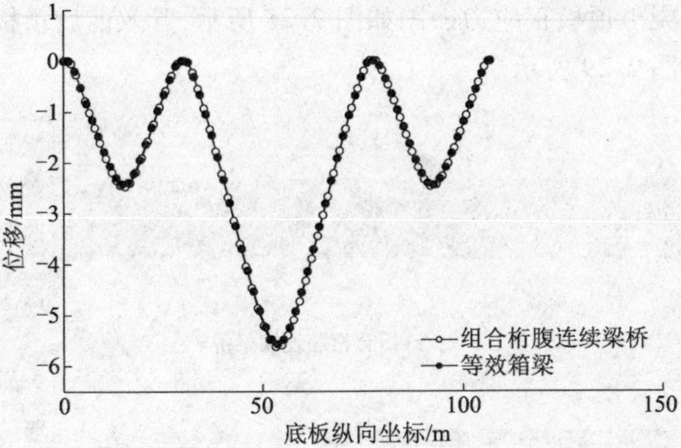

(a) 挠度比较

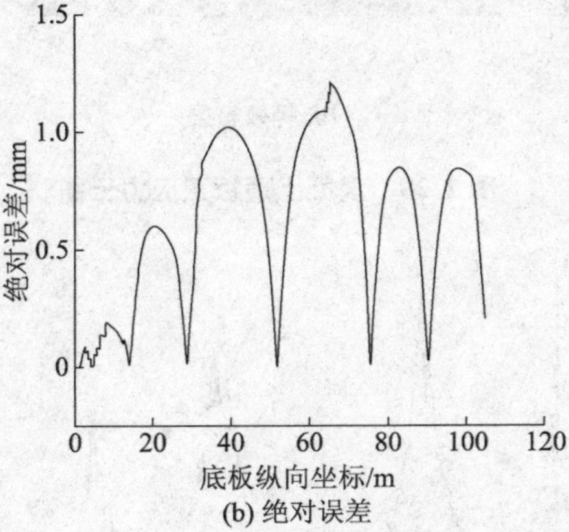

(b) 绝对误差

图 2.26　等效前后竖向挠度对比

2.5.8　满跨均布荷载

满跨均布荷载示意图如图 2.27 所示。

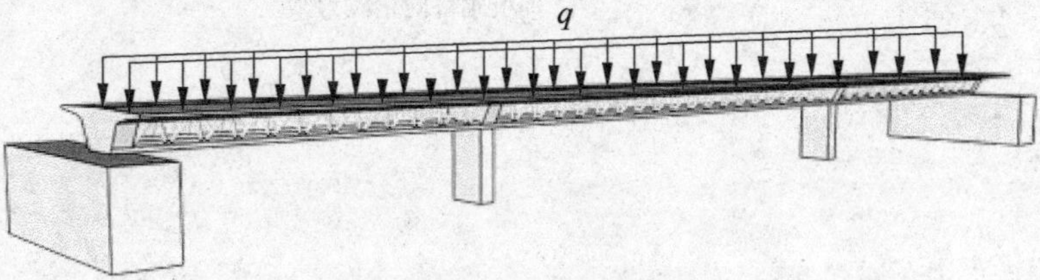

图 2.27　满跨均布荷载示意图

混凝土顶板正应力云图如图 2. 28 所示,等效前后顶板正应力对比如图 2. 29 所示。

(a) 组合桁腹连续梁桥

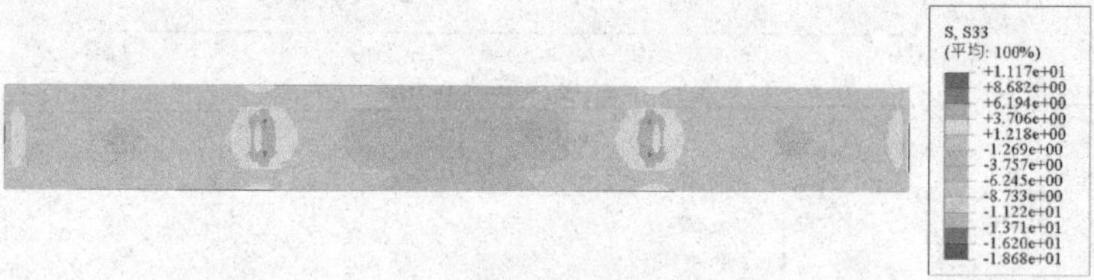

(b) 等效箱梁

图 2. 28　混凝土顶板正应力云图

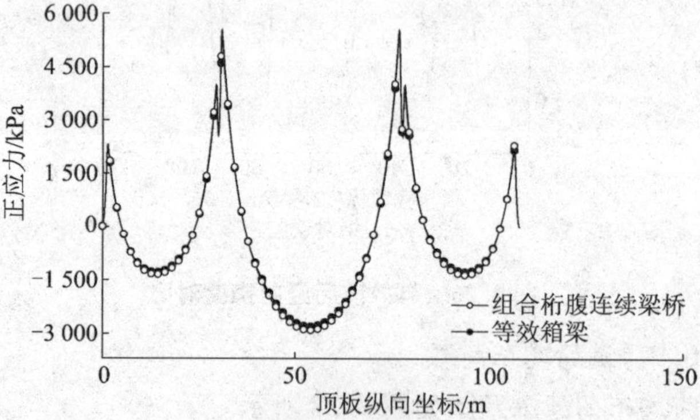

(a) 顶板顺桥向正应力

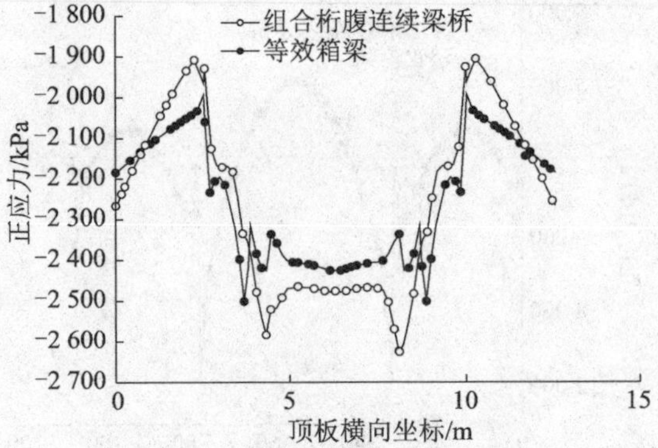

(b) 顶板横桥向正应力

图 2.29　等效前后顶板正应力对比

从图 2.28 和图 2.29 可以看出，等效前后顶板正应力差距不大，也没有出现应力集中现象。相对于吻合情况非常好的顶板顺桥向正应力，中跨跨中处顶板横桥向正应力差距较大，主要差距在于外翼缘部分等效箱梁正应力大于组合桁腹连续梁桥正应力，但在桥中心附近等效箱梁正应力小于组合桁腹连续梁桥正应力。

混凝土底板正应力云图如图 2.30 所示，等效前后底板正应力对比如图 2.31 所示。

(a) 组合桁腹连续梁桥

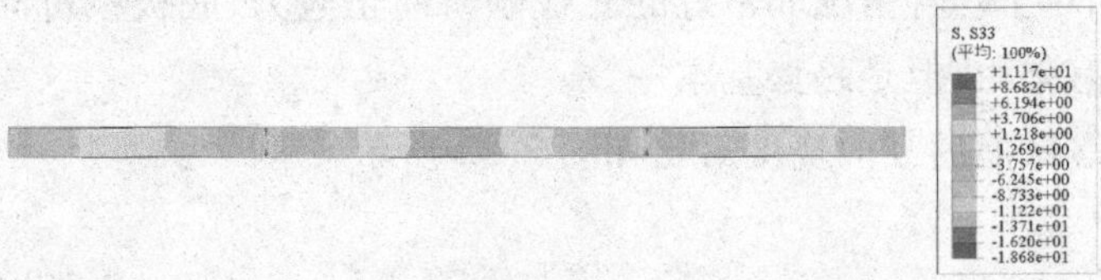

(b) 等效箱梁

图 2.30　混凝土底板正应力云图

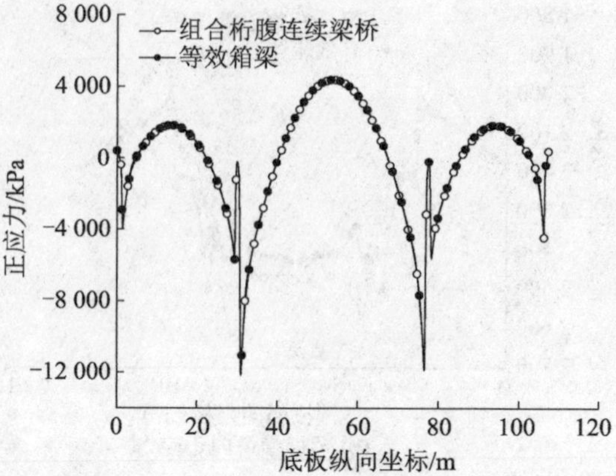

(a) 底板顺桥向正应力

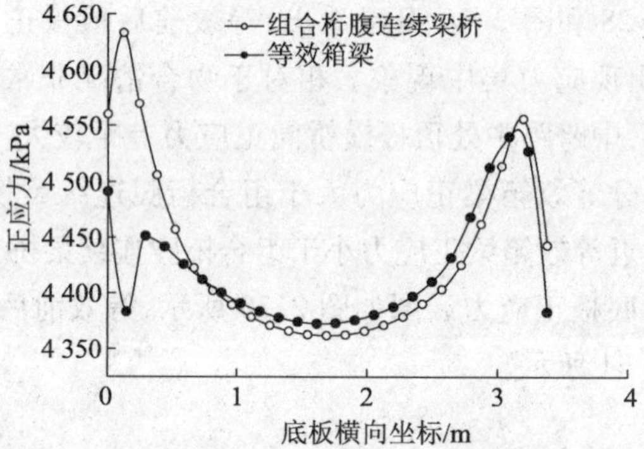

(b) 底板横桥向正应力

图 2.31　等效前后底板正应力对比

从图 2.30 和图 2.31 可以看出,等效前后底板正应力差距不大,相对于吻合情况非常好的底板顺桥向正应力,底板横桥向正应力略有差距,但是趋势基本一致。

等效前后竖向挠度对比如图 2.32 所示。

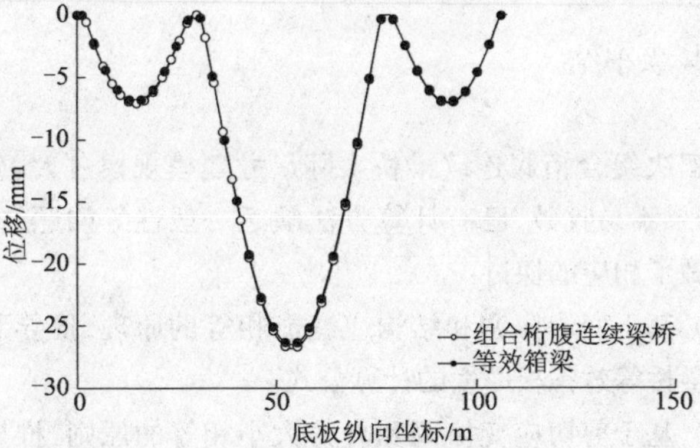

(a) 挠度比较

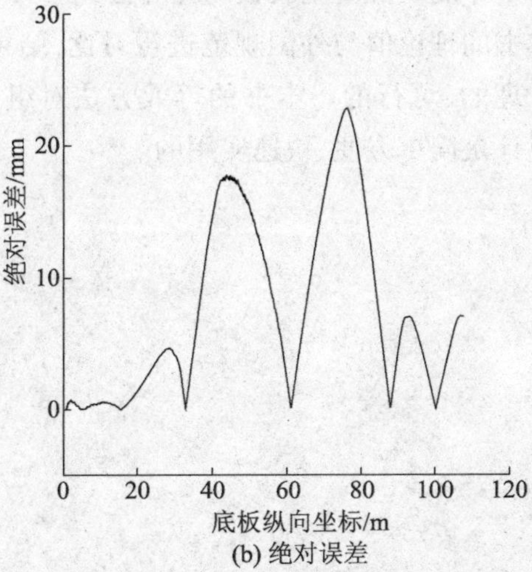

(b) 绝对误差

图 2.32　等效前后竖向挠度对比

从图 2.32a 可以看出，满跨均布荷载情况下，等效前后三跨连续梁挠度曲线几乎一致，无论是趋势还是数值都非常接近。

从图 2.32b 可以看出，满跨均布荷载作用下，等效前后挠度绝对误差出现在中跨上和横隔板附近，其余部分绝对误差接近于零，几乎没有误差。这说明在三跨连续梁桥的满跨均布荷载情况下，本书的等效理论较为合理。

2.6 本章小结

为解决组合桁腹连续梁桥实际尺寸建模规模过大、分析效率低下、结果不易收敛、已有计算方法缺乏一般性等问题，本章在以下方面做了相应的探讨：

（1）基于变形协调和结构应变能相等的原理，推导了组合桁腹连续梁桥等效钢板厚度的计算公式。

（2）基于剪切应变协调和合力大小相等的原则，推导了将钢腹板转换为一定厚度的混凝土腹板的计算公式。

（3）将本书的理论值与外国规范进行对比，结果接近，说明本书的等效是合理的、可行的。本书的等效方法对组合桁腹梁桥的选型和初步设计是简单方便、快速实用的。

第3章　组合桁腹连续梁桥弯曲性能研究

本章基于组合桁腹连续梁桥等效为薄壁箱梁的分析结果，结合薄壁梁剪力滞理论及能量变分原理，建立合理的组合桁腹连续梁桥剪力滞效应分析的理论模型，对考虑荷载横向作用位置影响的超静定箱梁的剪力滞效应进行分析；分析三种典型荷载工况（中跨跨中集中荷载、每跨跨中集中荷载和满跨均布荷载）下的组合桁腹梁桥的剪力滞效应、斜腹杆和竖向挠度的轴力计算公式，考虑不同几何参数对组合桁腹连续梁桥剪力滞的影响，得到不同荷载作用下的桥面板有效宽度的计算公式；利用有限元模型计算得到三种工况下的顺桥和横桥向正应力、跨中挠度等，并与理论推导得出的结果进行对比和分析，验证理论推导的准确性。

3.1　等效连续箱梁剪力滞效应分析与计算

3.1.1　简化模型与基本假设

实际的等效箱梁截面尺寸复杂，为便于对剪力滞位移函数的分析，本书对等效箱梁截面的几何尺寸参数及坐标系进行了一定的简化，如图3.1所示。

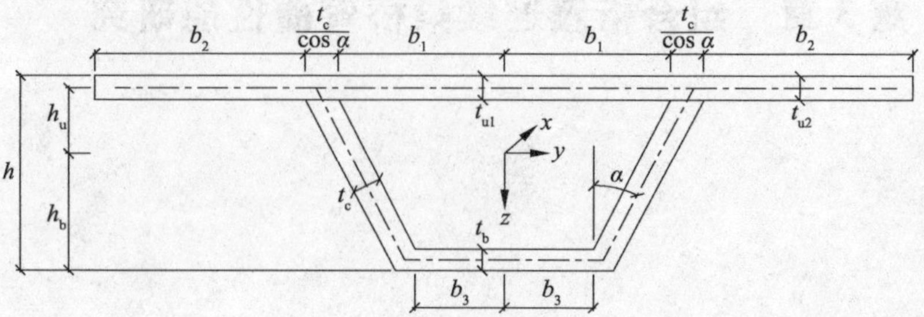

图 3.1　箱梁横截面

图 3.1 中,h 表示梁高,$b_i(i=1,2,3)$表示顶板、翼缘板和底板宽度的一半;$t_{ui}(i=1,2)$表示顶板和翼缘板的厚度,t_b 表示底板的厚度;t_c 表示腹板的厚度;α 表示腹板相对竖向的倾角;假设 $b_1 \approx b_2$,则 h_u 和 h_b 分别表示各顶板、底板截面中心到截面形心的距离;坐标系原点取在截面形心。

根据初等梁理论,箱梁发生弯曲时翼缘板与底板正应力应均匀分布,但通常情况下,由于翼缘板上剪应力分布不均匀,会使靠近腹板的翼缘板正应力大一些而远离腹板的翼缘板正应力小一些,这种情况下梁的截面不再符合初等梁理论中截面保持为平面的假定,梁的弯曲不仅要用竖向挠度 $\omega(x)$ 来描述,还要用翼缘板的纵向位移 $u(x,y)$ 来描述。本书所指的纵向、横向和竖向分别指 x,y,z 坐标轴方向。

(1) 对顶板、翼缘板和底板分别采用独立的纵向位移差函数,不考虑剪切变形影响,腹板变形采用平截面假定,假定翼缘板的纵向位移沿截面横向呈三次抛物线分布,此假定与试验结果相符。通常用以下两个公式来描述梁的变形:

$$\omega=\omega(x) \tag{3.1}$$

$$u(x,y)=h_i\left[\frac{\mathrm{d}\omega}{\mathrm{d}x}+\left(1-\frac{y^3}{b^3}\right)u(x)\right] \tag{3.2}$$

式中:$u(x)$为剪切转角的最大差值;h_i 为上下翼缘板的中面与箱梁

形心轴的距离；$\frac{d\omega}{dx}$为箱梁服从平截面假定时的竖向挠度。不难得出：

$$\text{顶板}: u(x,y) = -h_u\left[\frac{d\omega}{dx} + \left(1-\frac{y^3}{b_1^3}\right)u(x)\right]$$

$$\text{翼缘板}: u(x,y) = -h_u\left\{\frac{d\omega}{dx} - \left[1-\frac{(b_1+b_2-y)^3}{b_2^3}\right]u(x)\right\} \tag{3.3}$$

$$\text{底板}: u(x,y) = h_b\left[\frac{d\omega}{dx} + \left(1-\frac{y^3}{b_3^3}\right)u(x)\right]$$

(2) 腹板平面外的剪切变形 γ_{xz} 与 γ_{yz} 及横向位移 ε_z、竖向压缩 ε_y 均忽略不计。

(3) 在应变能的计算中，腹板仍采用初等梁理论的平截面假定，即变形后竖向弯曲位移平面与中性面垂直。

3.1.2　剪力滞基本微分方程的推导

根据最小势能原理，当结构处于平衡状态时，存在一组位移能够使整个结构的总势能取得极小值。体系总势能的一阶变分为零，即

$$\delta\Pi = \delta(\overline{V} - \overline{W}) = 0 \tag{3.4}$$

式中：$\overline{V}$ 为体系的应变能；$\overline{W}$ 为外力势能。

(1) 梁受弯时的外力势能

$$\overline{W} = -\int M(x)\frac{d^2\omega}{dx^2}dx \tag{3.5}$$

(2) 梁受弯时的应变能

上下翼缘板的应变能分别为

$$\overline{V}_{su} = 2\left[\frac{1}{2}\int_{x_1}^{x_2}\int_0^{b_1} t_{u1}(E\varepsilon_{u1}^2 + G\gamma_{u1}^2)dydx + \frac{1}{2}\int_{x_1}^{x_2}\int_0^{b_2} t_{u2}(E\varepsilon_{u2}^2 + G\gamma_{u2}^2)dydx\right] \tag{3.6}$$

$$\overline{V}_{sb} = 2\left[\frac{1}{2}\int_{x_1}^{x_2}\int_0^{b_3} t_b(E\varepsilon_b^2 + G\gamma_b^2)\,dy\,dx\right] \tag{3.7}$$

式中:E 为材料的弹性模量;G 为材料的剪切模量;且

$$\left.\begin{aligned}
&\text{顶板}:\varepsilon_{u1} = \frac{\partial u_1(x,y)}{\partial x},\gamma_{u1} = \frac{\partial u_1(x,y)}{\partial y}\\
&\text{翼缘板}:\varepsilon_{u2} = \frac{\partial u_2(x,y)}{\partial x},\gamma_{u2} = \frac{\partial u_2(x,y)}{\partial y}\\
&\text{底板}:\varepsilon_{b} = \frac{\partial u_3(x,y)}{\partial x},\gamma_{b} = \frac{\partial u_3(x,y)}{\partial y}
\end{aligned}\right\} \tag{3.8}$$

将式(3.3)代入式(3.8)后,再代入式(3.6)和式(3.7),得

$$\begin{aligned}\overline{V}_{su} = &\frac{1}{2}I_{su1}\int_{x_1}^{x_2}\left\{E\left[(\omega'')^2 + \frac{3}{2}\omega''u' + \frac{9}{14}(u')^2\right] + \frac{9G}{5b_1^2}u^2\right\}dx + \\ &\frac{1}{2}I_{su2}\int_{x_1}^{x_2}\left\{E\left[(\omega'')^2 + \frac{3}{2}\omega''u' + \frac{9}{14}(u')^2\right] + \frac{9G}{5b_2^2}u^2\right\}dx\end{aligned} \tag{3.9}$$

$$\overline{V}_{sb} = \frac{1}{2}I_{sb}\int_{x_1}^{x_2}\left\{E\left[(\omega'')^2 + \frac{3}{2}\omega''u' + \frac{9}{14}(u')^2\right] + \frac{9G}{5b_3^2}u^2\right\}dx \tag{3.10}$$

式中:$I_{su1} = 2t_u b_1 h_u^2$, $I_{su2} = 2t_u b_2 h_u^2$, $I_{sb} = 2t_b b_3 h_b^2$, $I_s = I_{su1} + I_{su2} + I_{sb}$, $I=I_s+I_w$。

(3) 腹板的弯曲应变能

$$\overline{V}_w = \frac{1}{2}\int_{x_1}^{x_2} EI_w\left(\frac{d^2\omega}{dx^2}\right)^2 dx \tag{3.11}$$

式中:$I_w = \dfrac{2t_c(h_b^3-h_u^3)}{3\cos\alpha}$为腹板的惯性矩(包括两侧腹板)。

根据以上各部分的外力势能和应变能,可计算体系总势能,计算公式如下:

$$\Pi = -\overline{W}+\overline{V}_{su}+\overline{V}_{sb}+\overline{V}_w$$

$$= \int M(x)\frac{\mathrm{d}^2\omega}{\mathrm{d}x^2}\mathrm{d}x + \frac{1}{2}I_{\mathrm{su1}}\int_{x_1}^{x_2}\left\{E\left[(\omega'')^2 + \frac{3}{2}\omega''u' + \frac{9}{14}(u')^2\right] + \frac{9G}{5b_1^2}u^2\right\}\mathrm{d}x +$$

$$\frac{1}{2}I_{\mathrm{su2}}\int_{x_1}^{x_2}\left\{E\left[(\omega'')^2 + \frac{3}{2}\omega''u' + \frac{9}{14}(u')^2\right] + \frac{9G}{5b_2^2}u^2\right\}\mathrm{d}x +$$

$$\frac{1}{2}I_{\mathrm{sb}}\int_{x_1}^{x_2}\left\{E\left[(\omega'')^2 + \frac{3}{2}\omega''u' + \frac{9}{14}(u')^2\right] + \frac{9G}{5b_3^2}u^2\right\}\mathrm{d}x +$$

$$\frac{1}{2}\int_{x_1}^{x_2}EI_{\mathrm{w}}\left(\frac{\mathrm{d}^2\omega}{\mathrm{d}x^2}\right)^2\mathrm{d}x$$

$$= \int M(x)\frac{\mathrm{d}^2\omega}{\mathrm{d}x^2}\mathrm{d}x + \frac{1}{2}\int_{x_1}^{x_2}EI_{\mathrm{w}}\left(\frac{\mathrm{d}^2\omega}{\mathrm{d}x^2}\right)^2\mathrm{d}x +$$

$$\frac{1}{2}\int_{x_1}^{x_2}\left\{E\left[(I_{\mathrm{su1}} + I_{\mathrm{su2}} + I_{\mathrm{sb}})(\omega'')^2 + \frac{3}{2}(I_{\mathrm{su1}} + I_{\mathrm{su2}} + I_{\mathrm{sb}})\omega''u' +\right.\right.$$

$$\left.\left.\frac{9}{14}(I_{\mathrm{su1}} + I_{\mathrm{su2}} + I_{\mathrm{sb}})(u')^2\right] + \frac{9G}{5}\left(\frac{I_{\mathrm{su1}}}{b_1^2} + \frac{I_{\mathrm{su2}}}{b_2^2} + \frac{I_{\mathrm{sb}}}{b_3^2}\right)u^2\right\}\mathrm{d}x$$

令 $I_{\mathrm{s}} = I_{\mathrm{su1}} + I_{\mathrm{su2}} + I_{\mathrm{sb}}$，$I_{\mathrm{b}} = \frac{I_{\mathrm{su1}}}{b_1^2} + \frac{I_{\mathrm{su2}}}{b_2^2} + \frac{I_{\mathrm{sb}}}{b_3^2}$，得

$$\Pi = \int M(x)\frac{\mathrm{d}^2\omega}{\mathrm{d}x^2}\mathrm{d}x + \frac{1}{2}\int_{x_1}^{x_2}EI_{\mathrm{w}}\left(\frac{\mathrm{d}^2\omega}{\mathrm{d}x^2}\right)^2\mathrm{d}x +$$
$$\frac{1}{2}\int_{x_1}^{x_2}\left\{E\left[I_{\mathrm{s}}(\omega'')^2 + \frac{3}{2}I_{\mathrm{s}}\omega''u' + \frac{9}{14}I_{\mathrm{s}}(u')^2\right] + \frac{9G}{5}I_{\mathrm{b}}u^2\right\}\mathrm{d}x \tag{3.12}$$

对式(3. 12)进行一阶变分，由势能驻值条件 $\delta\Pi = 0$ 可以得到下列微分方程和边界条件：

$$\begin{cases} EI\omega'' + M(x) + \frac{3}{4}EI_{\mathrm{s}}u' = 0 & ① \\ E\left(-\frac{9}{14}I_{\mathrm{s}}u'' - \frac{3}{4}I_{\mathrm{s}}\omega''' + \frac{9Gu}{5E}I_{\mathrm{b}}\right) = 0 & ② \\ EI_{\mathrm{s}}\left(\frac{9}{14}u' + \frac{3}{4}\omega'''\right)\delta u\Big|_{x_1}^{x_2} = 0 & ③ \end{cases} \tag{3.13}$$

式(3.13)中的①②式为考虑剪力滞效应后的基本微分方程，③式为变分所要求的边界条件。①②式可以写为

$$u''-k^2u=\frac{7nQ(x)}{6EI} \tag{3.14}$$

$$\omega'''-k^2\omega''=\frac{k^2M(x)}{EI}-\frac{nM''}{EI} \tag{3.15}$$

式中:

$$\left.\begin{aligned} n&=\frac{1}{1-\dfrac{7I_s}{8I}} \\ k&=\frac{1}{b_i}\sqrt{\frac{14Gn}{5E}} \end{aligned}\right\} \tag{3.16}$$

式中:n,k 统称为瑞斯纳参数。

求解式(3.14)可用下列边界条件:

① 当板固定时,$u=0$,$\delta u=0$,即

$$u(x)=0,\delta u(x)=0 \tag{3.17}$$

② 当板非固定时,$\left(\frac{9}{14}u'+\frac{3}{4}\omega''\right)\Big|_{x_1}^{x_2}=0$,则由式(3.13)中①式可以求得

$$\omega''=-\frac{M(x)}{EI}-\frac{3I_s}{4I}u'=-\frac{1}{EI}[M(x)+M_F] \tag{3.18}$$

$$M_F=\frac{3}{4}EI_su' \tag{3.19}$$

将式(3.19)代入式(3.13)的③式,并考虑瑞斯纳参数 n,可得

$$\left(u'-\frac{7nM(x)}{6EI}\right)\delta u\Big|_{x_1}^{x_2}=0 \tag{3.20}$$

由于 δu 可以是任意微小值,因此令 $\delta u=1$,得

$$\left.\begin{aligned}\left(u'-\frac{7nM(x)}{6EI}\right)\Bigg|_{x=x_1}=0\\ \left(u'-\frac{7nM(x)}{6EI}\right)\Bigg|_{x=x_2}=0\end{aligned}\right\}\tag{3.21}$$

当分段点 x_0 位于 x_1 与 x_2 之间时，由于 $\delta u(x_0)\neq 0$，因此变分要求在 $x=x_0$ 处，得

$$\left.\begin{aligned}&\left(u_1'-\frac{7nM(x)}{6EI}\right)\Bigg|_{x=x_0}+\left(u_2'-\frac{7nM(x)}{6EI}\right)\Bigg|_{x=x_0}=0\\ &u_1\Big|_{x=x_0}=u_2\Big|_{x=x_0}\end{aligned}\right\}\tag{3.22}$$

故式(3.14)的解的一般形式为

$$u(x)=\frac{7n}{6EI}(C_1\mathrm{sh}\ kx+C_2\mathrm{ch}\ kx+u^*)\tag{3.23}$$

式中：积分常数 C_1 与 C_2 均由边界条件进一步确定；u^* 是与剪力分布函数 $Q(x)$ 有关的特解。

求解式(3.15)可用下列边界条件：

① 当板固定时，对式(3.13)中①式两边求导，可得

$$EI\omega'''+M'(x)+\frac{3}{4}EI_{\mathrm{s}}u''=0\Rightarrow u''=-\frac{4I}{3I_{\mathrm{s}}}\omega'''-\frac{4M'(x)}{3EI_{\mathrm{s}}}\tag{3.24}$$

将式(3.24)代入式(3.13)中②式，得

$$\frac{9}{5}GI_{\mathrm{b}}u+\frac{9}{14}\left(\frac{3}{4}\right)^2EI_{\mathrm{s}}\left(\frac{I}{I_{\mathrm{s}}}\omega'''+\frac{M'(x)}{EI_{\mathrm{s}}}\right)^2-\frac{3}{4}EI_{\mathrm{s}}\omega''=0\tag{3.25}$$

当 $u(x)=0$ 时，得

$$\frac{8}{7}EI_{\mathrm{s}}\left(\frac{I}{I_{\mathrm{s}}}\omega'''+\frac{M'(x)}{EI_{\mathrm{s}}}\right)^2-\frac{3}{4}EI_{\mathrm{s}}\omega'''=0\tag{3.26}$$

② 当板非固定时，可以将式(3.13)中①式改写为

$$\left(u'-\frac{7nM(x)}{6EI}\right)+\frac{7nM(x)}{6EI}+\frac{4M(x)}{3EI_{\mathrm{s}}}+\frac{4EI}{3EI_{\mathrm{s}}}\omega''=0\tag{3.27}$$

根据式(3.21)，将$\left(u'-\dfrac{7nM(x)}{6EI}\right)=0$ 代入式(3.27)得

$$\left.\begin{aligned}\left(\omega''+n\frac{M(x)}{EI}\right)\bigg|_{x=x_1}=0\\ \left(\omega''+n\frac{M(x)}{EI}\right)\bigg|_{x=x_2}=0\end{aligned}\right\}$$

故式(3. 15)的解的一般形式为

$$\omega=C_3+C_4x+C_5\text{ch }kx+C_6\text{sh }kx+\omega^* \tag{3. 28}$$

式中：C_3,C_4,C_5,C_6 均由边界条件确定；u^* 为式(3. 15)的特解。

由此可以推出上下板中的正应力公式如下：

$$\sigma_x=-Eh_i\left\{\frac{M(x)}{EI}-\left[\left(1-\frac{x^3}{b_i^3}\right)-\frac{3I_s}{4I}\right]u'\right\} \tag{3. 29}$$

3.1.3　组合桁腹连续梁桥剪力滞效应计算

(1) 中跨跨中集中荷载

将实际模型简化为图 3.2 所示的等截面连续梁，跨中承受一集中荷载 P。

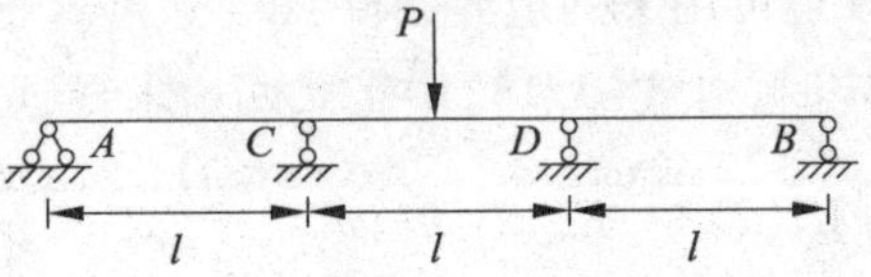

图 3.2　三跨连续梁作用中跨跨中集中荷载

根据结构力学得到该结构的剪力图如图 3.3 所示。

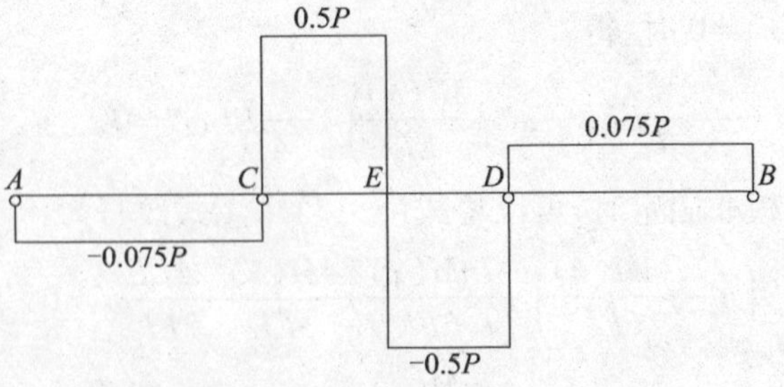

图 3.3　中跨跨中集中荷载剪力图

根据相关规范可知，此时跨中支座处的弯矩分别为

$$M_C=-0.075Pl,\ M_D=-0.075Pl$$

① 在 AC 段时，$0\leqslant x\leqslant l$，剪力 $Q_1(x)=-0.075P$，对剪力进行不定积分可得弯矩 $M_1(x)=-0.075Px+C$，已知边界条件 $x=l$ 时，$M_C=-0.075Pl$，故 $C=0$，则

$$\begin{cases}Q_1(x)=-0.075P\\M_1(x)=-0.075Px\end{cases}$$

解方程 $u_1''-k^2u_1=\dfrac{7n}{6EI}(-0.075P)$，得

$$u_1(x)=\frac{7nP}{6EI}\left(\frac{0.075}{k^2}+C_1\text{sh }kx+C_2\text{ch }kx\right)$$

由边界条件 $u_1'\Big|_{x=0}=0$，$u_1'\Big|_{x=l}=0$，得 $C_1=0$，$C_2=0$，于是有

$u_1(x)=0.0875\dfrac{nP}{EIk^2}\Rightarrow u_1'(x)=0$，则桥面板正应力为

$$\sigma_{x1}=\frac{0.075Ph_i}{I}x$$

② 在 CD 段时，$l<x\leqslant 2l$，以跨中集中荷载 P 记载位置为分界点，将 CD 段再分为 CE 与 ED 两段进行分析：在 CE 段时，剪力 $Q_2(x)=0.5P$，对剪力进行不定积分可得弯矩 $M_2(x)=0.5Px+C(l<x\leqslant 2l)$，已知边界条件 $x=l$ 时，$M_C=-0.075Pl$，故 $C=-0.575Pl$；在 ED 段时，剪力 $Q_3(x)=-0.5P$，对剪力进行不定积分可得弯矩 $M_3(x)=-0.5Px+C(l<x\leqslant 2l)$，已知边界条件 $x=2l$ 时，$M_D=-0.075Pl$，故 $C=0.925Pl$，则

$$\begin{cases}Q_2(x)=0.5P\\M_2(x)=0.5Px-0.575Pl\end{cases}\qquad\begin{cases}Q_3(x)=-0.5P\\M_3(x)=-0.5Px+0.925Pl\end{cases}$$

解方程 $\begin{cases}u_2''-k^2u_2=\dfrac{7n}{6EI}\times 0.5P,\\u_3''-k^2u_3=\dfrac{7n}{6EI}(-0.5P)\end{cases}$ 得

$$\begin{cases} u_2(x)=\dfrac{7nP}{6EI}\left(-\dfrac{0.5}{k^2}+C_3\mathrm{sh}\ kx+C_4\mathrm{ch}\ kx\right) \\ u_3(x)=\dfrac{7nP}{6EI}\left(-\dfrac{0.5}{k^2}+C_3\mathrm{sh}\ kx+C_6\mathrm{ch}\ kx\right) \end{cases}$$

由边界条件
$$\begin{cases} u_2'\Big|_{x=l}=0, \\ u_2\Big|_{x=\frac{3}{2}l}=u_3\Big|_{x=\frac{3}{2}l}, \\ u_3'\Big|_{x=2l}=0, \\ \left(u_2'-\dfrac{7nM_2}{6EI}\right)\Big|_{x=\frac{3}{2}l}+\left(u_3'-\dfrac{7nM_3}{6EI}\right)\Big|_{x=\frac{3}{2}l}=0 \end{cases}$$
得

$C_3=-\mathrm{th}\ klC_4$

$$C_4=\frac{\left(\dfrac{0.35}{Pk}+\dfrac{1}{k^2}\right)\left[\left(\mathrm{sh}\ \dfrac{3}{2}kl\right)\cdot B+\left(\mathrm{ch}\ \dfrac{3}{2}kl\right)\cdot N\right]-\left(\dfrac{0.35}{Pk}-\dfrac{1}{k^2}\right)\left[\left(\mathrm{sh}\ \dfrac{3}{2}kl\right)\cdot N-\left(\mathrm{ch}\ \dfrac{3}{2}kl\right)\cdot B\right]}{\left[\left(\mathrm{sh}\ \dfrac{3}{2}kl\right)\cdot B+\left(\mathrm{ch}\ \dfrac{3}{2}kl\right)\cdot N\right]\left[\left(\mathrm{sh}\ \dfrac{3}{2}kl\right)\cdot M+\left(\mathrm{ch}\ \dfrac{3}{2}kl\right)\cdot M\right]-\left[\left(\mathrm{sh}\ \dfrac{3}{2}kl\right)\cdot A-\left(\mathrm{ch}\ \dfrac{3}{2}kl\right)\cdot A\right]\left[\left(\mathrm{sh}\ \dfrac{3}{2}kl\right)\cdot N-\left(\mathrm{ch}\ \dfrac{3}{2}kl\right)\cdot B\right]}$$

式中：$A=\dfrac{\mathrm{ch}\ kl+\mathrm{sh}\ kl}{\mathrm{ch}\ kl}$，$B=\dfrac{\mathrm{ch}\ 2kl-\mathrm{sh}\ 2kl}{\mathrm{ch}\ 2kl}$，$M=\dfrac{\mathrm{ch}\ kl-\mathrm{sh}\ kl}{\mathrm{ch}\ kl}$，

$N=\dfrac{\mathrm{ch}\ 2kl+\mathrm{sh}\ 2kl}{\mathrm{ch}\ 2kl}$。

于是有

$$u_2(x)=\frac{7nP}{6EI}\left(-\frac{0.5}{k^2}+C_3\mathrm{sh}\ kx+C_4\mathrm{ch}\ kx\right)$$

$$\Rightarrow u_1'(x)=\frac{7nP}{6EI}(kC_3\mathrm{ch}\ kx+kC_4\mathrm{sh}\ kx)$$

故桥面板正应力为：

在 AC 段时，$0\leqslant x\leqslant l$，$\sigma_{x1}=\dfrac{0.075Ph_i}{I}x$；

在 CE 段时，$l\leqslant x\leqslant \dfrac{3}{2}l$，$\sigma_{x2}=-P\dfrac{h_i}{I}\Big\{(0.5x-0.575l)-$

$$\left[\left(1-\frac{x^3}{b_i^3}\right)-\frac{3}{4}\frac{I_s}{I}\right]\frac{7n}{6}\cdot$$

$$\left\{\frac{\begin{array}{c}-(\text{th}\,kl)\left(\dfrac{0.35}{Pk}+\dfrac{1}{k^2}\right)\left[\left(\text{sh}\,\dfrac{3}{2}kl\right)\cdot B+\left(\text{ch}\,\dfrac{3}{2}kl\right)\cdot N\right]-\\(-\text{th}\,kl)\left(\dfrac{0.35}{Pk}-\dfrac{1}{k^2}\right)\left[\left(\text{sh}\,\dfrac{3}{2}kl\right)\cdot N-\left(\text{ch}\,\dfrac{3}{2}kl\right)\cdot B\right]\end{array}}{\begin{array}{c}\left[\left(\text{sh}\,\dfrac{3}{2}kl\right)\cdot B+\left(\text{ch}\,\dfrac{3}{2}kl\right)\cdot N\right]\left[\left(\text{sh}\,\dfrac{3}{2}kl\right)\cdot M+\left(\text{ch}\,\dfrac{3}{2}kl\right)\cdot M\right]-\\\left[\left(\text{sh}\,\dfrac{3}{2}kl\right)\cdot A-\left(\text{ch}\,\dfrac{3}{2}kl\right)\cdot A\right]\left[\left(\text{sh}\,\dfrac{3}{2}kl\right)\cdot N-\left(\text{ch}\,\dfrac{3}{2}kl\right)\cdot B\right]\end{array}}k\cdot\text{ch}\,kx+\right.$$

$$\left.\frac{\begin{array}{c}\left(\dfrac{0.35}{Pk}+\dfrac{1}{k^2}\right)\left[\left(\text{sh}\,\dfrac{3}{2}kl\right)\cdot B+\left(\text{ch}\,\dfrac{3}{2}kl\right)\cdot N\right]-\\\left(\dfrac{0.35}{Pk}-\dfrac{1}{k^2}\right)\left[\left(\text{sh}\,\dfrac{3}{2}kl\right)\cdot N-\left(\text{ch}\,\dfrac{3}{2}kl\right)\cdot B\right]\end{array}}{\begin{array}{c}\left[\left(\text{sh}\,\dfrac{3}{2}kl\right)\cdot B+\left(\text{ch}\,\dfrac{3}{2}kl\right)\cdot N\right]\left[\left(\text{sh}\,\dfrac{3}{2}kl\right)\cdot M+\left(\text{ch}\,\dfrac{3}{2}kl\right)\cdot M\right]-\\\left[\left(\text{sh}\,\dfrac{3}{2}kl\right)\cdot A-\left(\text{ch}\,\dfrac{3}{2}kl\right)\cdot A\right]\left[\left(\text{sh}\,\dfrac{3}{2}kl\right)\cdot N-\left(\text{ch}\,\dfrac{3}{2}kl\right)\cdot B\right]\end{array}}k\cdot\text{sh}\,kx\right\}$$

式中：$A=\dfrac{\text{ch}\,kl+\text{sh}\,kl}{\text{ch}\,kl}$，$B=\dfrac{\text{ch}\,2kl-\text{sh}\,2kl}{\text{ch}\,2kl}$，$M=\dfrac{\text{ch}\,kl-\text{sh}\,kl}{\text{ch}\,kl}$，$N=\dfrac{\text{ch}\,2kl+\text{sh}\,2kl}{\text{ch}\,2kl}$。

由于此段是三跨截面连续梁，ED 段的 σ_{x3} 和 DB 段的 σ_{x4} 可由对称性求得。

（2）每跨跨中集中荷载

将实际模型简化为图 3.4 所示的等截面连续梁，每跨跨中承受一集中荷载 P。

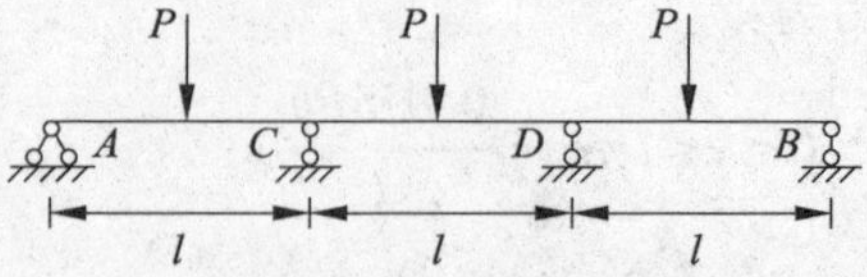

图 3.4　三跨连续梁作用每跨跨中集中荷载

根据结构力学得到连续梁剪力图如图 3.5 所示。

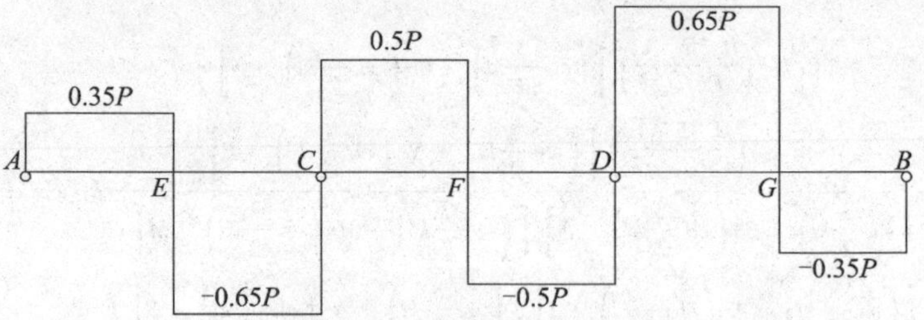

图 3.5　每跨跨中集中荷载剪力图

根据相关规范可知,此时跨中支座处的弯矩分别为

$$M_C=-0.15Pl\ ,\ M_D=-0.15Pl$$

① 在 AE 段时,$0\leqslant x\leqslant \frac{1}{2}l$,剪力 $Q_1(x)=0.35P$,对剪力进行不定积分可得弯矩 $M_1(x)=0.35Px+C$,已知边界条件 $x=0$ 时,$M_A=0$,故 $C=0$,则

$$\begin{cases}Q_1(x)=0.35P\\M_1(x)=0.35Px\end{cases}$$

② 在 EC 段时,$\frac{1}{2}l\leqslant x\leqslant l$,剪力 $Q_2(x)=-0.65P$,对剪力进行不定积分可得弯矩 $M_2(x)=-0.65Px+C$,已知边界条件 $x=l$ 时,$M_C=-0.15Pl$,故 $C=0.5Pl$,则

$$\begin{cases}Q_2(x)=-0.65P\\M_2(x)=-0.65Px+0.5Pl\end{cases}$$

解方程$\begin{cases} u_1''-k^2u_1=\dfrac{7nP}{6EI}\times 0.35 \\ u_2''-k^2u_2=\dfrac{7nP}{6EI}\times(-0.65) \end{cases}$,得

$$\begin{cases} u_1(x)=\dfrac{7nP}{6EI}\left(-\dfrac{0.35}{k^2}+C_1\text{sh }kx+C_2\text{ch }kx\right) \\ u_2(x)=\dfrac{7nP}{6EI}\left(\dfrac{0.65}{k^2}+C_3\text{sh }kx+C_4\text{ch }kx\right) \end{cases}$$

由边界条件$\begin{cases} u_1'\Big|_{x=0}=0, \\ u_1\Big|_{x=\frac{l}{2}}=u_2\Big|_{x=\frac{l}{2}}, \\ u_2'\Big|_{x=l}=0, \\ \left[u_1'-\dfrac{7nM_1}{6EI}\right]\Big|^{x=\frac{l}{2}}+\left[u_2'-\dfrac{7nM_2}{6EI}\right]\Big|_{x=\frac{l}{2}}=0 \end{cases}$得

$$C_1=0$$

$$C_2=\frac{0.35l-\dfrac{1}{k}\text{th }\dfrac{1}{2}kl}{k\text{th }kl\cdot\text{th }\dfrac{1}{2}kl\cdot\text{sh }\dfrac{1}{2}kl+k\text{th }kl\cdot\text{ch }\dfrac{1}{2}kl+k\text{sh }\dfrac{1}{2}kl}+\frac{1}{k^2\text{ch }\dfrac{1}{2}kl}$$

$$C_3=\text{th }kl\cdot\frac{0.35l-\dfrac{1}{k}\text{th }\dfrac{1}{2}kl}{k\text{th }kl\cdot\text{th }\dfrac{1}{2}kl\cdot\text{sh }\dfrac{1}{2}kl+k\text{sh }\dfrac{1}{2}kl+k\text{th }kl\cdot\text{ch }\dfrac{1}{2}kl+k\text{sh }\dfrac{1}{2}kl}$$

$$C_4=\frac{0.35l-\frac{1}{k}\text{th}\,\frac{1}{2}kl}{k\text{th}\,kl\cdot\text{th}\,\frac{1}{2}kl\cdot\text{sh}\,\frac{1}{2}kl+k\text{sh}\,\frac{1}{2}kl+k\text{th}\,kl\cdot\text{ch}\,\frac{1}{2}kl+k\text{sh}\,\frac{1}{2}kl}$$

故桥面板正应力为

$$\sigma_{x1}=-P\frac{h_i}{I}\left\{0.35x-\left[\left(1-\frac{x^3}{b_i^3}\right)-\frac{3}{4}\frac{I_s}{I}\right]\frac{7n}{6}\cdot\left(\frac{0.35lk-\text{th}\,\frac{1}{2}kl}{k\text{th}\,kl\cdot\text{th}\,\frac{1}{2}kl\cdot\text{sh}\,\frac{1}{2}kl+k\text{th}\,kl\cdot\text{ch}\,\frac{1}{2}kl+k\text{sh}\,\frac{1}{2}kl}+\frac{1}{k\text{ch}\,\frac{1}{2}kl}\right)\text{sh}\,kx\right\}$$

$$\sigma_{x2}=-P\frac{h_i}{I}\left\{0.65x+0.5l-\left[\left(1-\frac{x^3}{b_i^3}\right)-\frac{3}{4}\frac{I_s}{I}\right]\frac{7n}{6}\cdot\left(\frac{0.35l\cdot\text{th}\,kl-\frac{1}{k}\text{th}\,\frac{1}{2}kl}{k\text{th}\,kl\cdot\text{th}\,\frac{1}{2}kl\cdot\text{sh}\,\frac{1}{2}kl+k\text{sh}\,\frac{1}{2}kl+k\text{th}\,kl\cdot\text{ch}\,\frac{1}{2}kl+k\text{sh}\,\frac{1}{2}kl}k\text{sh}\,kx+\frac{0.35l\,\frac{1}{k}\text{th}\,\frac{1}{2}kl}{k\text{th}\,kl\cdot\text{th}\,\frac{1}{2}kl\cdot\text{sh}\,\frac{1}{2}kl+k\text{sh}\,\frac{1}{2}kl+k\text{th}\,kl\cdot\text{ch}\,\frac{1}{2}kl+k\text{sh}\,\frac{1}{2}kl}k\text{sh}\,kx\right)\right\}$$

③ 在 CF 段时，$l\leqslant x\leqslant\frac{3}{2}l$，剪力 $Q_3(x)=0.5P$，对剪力进行不定

积分可得弯矩 $M_3(x)=0.5Px+C$，已知边界条件 $x=l$ 时，$M_B=-0.15Pl$，故 $C=-0.65Pl$，则

$$\begin{cases} Q_3(x)=0.5P \\ M_3(x)=0.5Px-0.65Pl \end{cases}$$

④ 在 FD 段时，$\frac{3}{2}l\leqslant x\leqslant 2l$，剪力 $Q_4(x)=-0.5P$，对剪力进行不定积分可得弯矩 $M_4(x)=-0.5Px+C$，已知边界条件 $x=2l$ 时，$M_D=-0.15Pl$，故 $C=0.85Pl$，则

$$\begin{cases} Q_4(x)=-0.5P \\ M_4(x)=-0.5Px+0.85Pl \end{cases}$$

解方程 $\begin{cases} u_3''-k^2u_3=\dfrac{7nP}{6EI}\times 0.5, \\ u_4''-k^2u_4=\dfrac{7nP}{6EI}\times(-0.5) \end{cases}$ 得

$$\begin{cases} u_3(x)=\dfrac{7nP}{6EI}\left(-\dfrac{0.5}{k^2}+C_5\operatorname{sh}kx+C_6\operatorname{ch}kx\right) \\ u_4(x)=\dfrac{7nP}{6EI}\left(\dfrac{0.5}{k^2}+C_7\operatorname{sh}kx+C_8\operatorname{ch}kx\right) \end{cases}$$

由边界条件 $\begin{cases} u_3'\Big|_{x=l}=0, \\ u_3\Big|_{x=\frac{3l}{2}}=u_4\Big|_{x=\frac{3l}{2}}, \\ u_4'\Big|_{x=2l}=0, \\ \left[u_3'-\dfrac{7nM_3}{6EI}\right]\Bigg|^{x=\frac{3l}{2}}+\left[u_4'-\dfrac{7nM_4}{6EI}\right]\Bigg|_{x=\frac{3l}{2}}=0 \end{cases}$ 得

$$C_5=\frac{\frac{1}{k^2}\left[-\text{th }2kl\cdot\text{ch }\frac{3}{2}kl+\text{sh }\frac{3}{2}kl\right](-\text{th }kl)+\frac{0.2}{Pk}\left[-\text{th }2kl\cdot\text{sh }\frac{3}{2}kl+\text{ch }\frac{3}{2}kl\right](-\text{th }kl)}{\left[-\text{th }2kl\cdot\text{sh }\frac{3}{2}kl+\text{ch }\frac{3}{2}kl\right]\left[-\text{th }2kl\cdot\text{ch }\frac{3}{2}kl+\text{sh }\frac{3}{2}kl\right]+\left[-\text{th }kl\cdot\text{sh }\frac{3}{2}kl+\text{ch }\frac{3}{2}kl\right]\left[-\text{th }2kl\cdot\text{ch }\frac{3}{2}kl+\text{sh }\frac{3}{2}kl\right]}$$

$$C_6=\frac{\frac{1}{k^2}\left[-\text{th }2kl\cdot\text{ch }\frac{3}{2}kl+\text{sh }\frac{3}{2}kl\right]+\frac{0.2}{Pk}\left[-\text{th }2kl\cdot\text{sh }\frac{3}{2}kl+\text{ch }\frac{3}{2}kl\right]}{\left[-\text{th }2kl\cdot\text{sh }\frac{3}{2}kl+\text{ch }\frac{3}{2}kl\right]\left[-\text{th }2kl\cdot\text{ch }\frac{3}{2}kl+\text{sh }\frac{3}{2}kl\right]+\left[-\text{th }kl\cdot\text{sh }\frac{3}{2}kl+\text{ch }\frac{3}{2}kl\right]\left[-\text{th }2kl\cdot\text{ch }\frac{3}{2}kl+\text{sh }\frac{3}{2}kl\right]}$$

故桥面板正应力为

$$\sigma_{x3}=-P\frac{h_i}{I}\left\{0.5x-0.65l-\left[\left(1-\frac{x^3}{b_i^3}\right)-\frac{3}{4}\frac{I_s}{I}\right]\frac{7n}{6}\cdot\right.$$

$$\left\{\frac{\frac{1}{k^2}\left[-\text{th }2kl\cdot\text{ch }\frac{3}{2}kl+\text{sh }\frac{3}{2}kl\right](-\text{th }kl)+\frac{0.2}{Pk}\left[-\text{th }2kl\cdot\text{sh }\frac{3}{2}kl+\text{ch }\frac{3}{2}kl\right](-\text{th }kl)}{\left[-\text{th }2kl\cdot\text{sh }\frac{3}{2}kl+\text{ch }\frac{3}{2}kl\right]\left[-\text{th }2kl\cdot\text{ch }\frac{3}{2}kl+\text{sh }\frac{3}{2}kl\right]+\left[-\text{th }kl\cdot\text{sh }\frac{3}{2}kl+\text{ch }\frac{3}{2}kl\right]\left[-\text{th }2kl\cdot\text{ch }\frac{3}{2}kl+\text{sh }\frac{3}{2}kl\right]}k\text{ch }kx+\right.$$

$$\left.\frac{\dfrac{1}{k^2}\left[-\text{th }2kl\cdot\text{ch }\dfrac{3}{2}kl+\text{sh }\dfrac{3}{2}kl\right]+\dfrac{0.2}{Pk}\left[-\text{th }2kl\cdot\text{sh }\dfrac{3}{2}kl+\text{ch }\dfrac{3}{2}kl\right]}{\left[-\text{th }2kl\cdot\text{sh }\dfrac{3}{2}kl+\text{ch }\dfrac{3}{2}kl\right]\left[-\text{th }2kl\cdot\text{ch }\dfrac{3}{2}kl+\text{sh }\dfrac{3}{2}kl\right]+\left[-\text{th }kl\cdot\text{sh }\dfrac{3}{2}kl+\text{ch }\dfrac{3}{2}kl\right]\left[-\text{th }2kl\cdot\text{ch }\dfrac{3}{2}kl+\text{sh }\dfrac{3}{2}kl\right]}k\text{sh }kx\right\}$$

由于此段是三跨截面连续梁，FD 段和 DB 段的正应力可由对称性求得。

（3）满跨均布荷载

将实际模型简化为图 3.6 所示的三跨截面连续梁，满跨承受一均布荷载 q，可用变分法求出该模型的正应力方程与挠度方程。

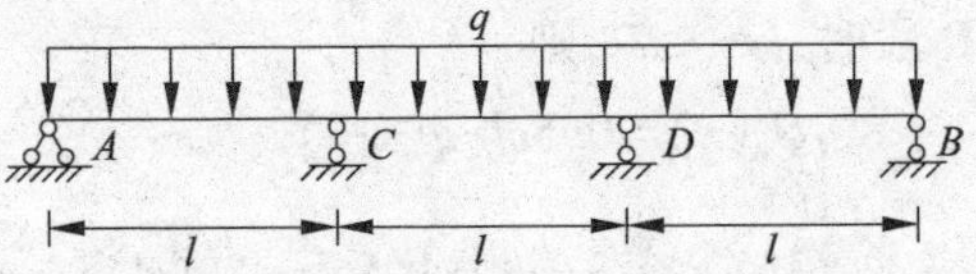

图 3.6　三跨连续梁作用满跨均布荷载

从图 3.6 可以得出，外支点反力 $R_A=R_B=0.4ql$，内支点反力 $R_C=R_D=1.1ql$。

① 在 AC 段时，$0\leqslant x\leqslant l$，则

$$\begin{cases} Q_1(x)=-0.4ql-qx \\ M_1(x)=0.4qlx-\dfrac{q}{2}x^2 \end{cases}$$

解方程 $u_1''-k^2u_1=\dfrac{7n}{6EI}(0.4ql-qx)$，得

$$u_1(x)=\frac{7nq}{6EI}\left(-\frac{0.4l-x}{k^2}+C_1\text{sh }kx+C_2\text{ch }kx\right)$$

由边界条件 $u_1'\Big|_{x=0}=0, u'_1\Big|_{x=l}=0$，得

$$C_1=-\frac{1}{k^3},\ C_2=\frac{\operatorname{ch} kl-1}{k^3\operatorname{sh} kl}$$

于是有

$$u_1(x)=\frac{7nq}{6EI}\left(-\frac{0.4l-x}{k^2}-\frac{1}{k^3}\operatorname{sh} kx+\frac{\operatorname{ch} kl-1}{k^3\operatorname{sh} kl}\operatorname{ch} kx\right)$$

$$u_1'(x)=\frac{7nq}{6EI}\left(\frac{1}{k^2}-\frac{1}{k^2}\operatorname{ch} kx+\frac{\operatorname{ch} kl-1}{k^2\operatorname{sh} kl}\operatorname{sh} kx\right)$$

故桥面板正应力为

$$\sigma_{x1}=q\frac{h_i}{I}\left\{\left(0.4lx-\frac{1}{2}x^2\right)-\frac{7n}{6}\left[\left(1-\frac{x^3}{b_i^3}\right)-\frac{3}{4}\frac{I_s}{I}\right]\left(\frac{1}{k^2}-\frac{1}{k^2}\operatorname{ch} kx+\frac{\operatorname{ch} kl-1}{k^2\operatorname{sh} kl}\operatorname{sh} kx\right)\right\}$$

② 在 CD 段时，$l<x\leqslant 2l$，则

$$\begin{cases}Q_2(x)=0.5ql-q(x-l)\\ M_2(x)=-\dfrac{q}{2}x^2+1.5qlx-1.1ql^2\end{cases}$$

解方程 $u_2''-k^2u_2=\frac{7nq}{6EI}(1.5l-x)$，得

$$u_2(x)=\frac{7nq}{6EI}\left(-\frac{1.5l-x}{k^2}+C_3\operatorname{sh} kx+C_4\operatorname{ch} kx\right)$$

由边界条件 $u_2'\Big|_{x=l}=0, u'_2\Big|_{x=2l}=0, k\neq 0$，得

$$C_3=-\frac{2}{k_i^3}\frac{\operatorname{sh} kl-\operatorname{sh} 2kl}{\operatorname{sh} kl-\operatorname{sh} 2kl+(\operatorname{sh} kl+\operatorname{sh} 2kl)(\operatorname{ch} 2kl-\operatorname{ch} kl)}$$

$$C_4=-\frac{2}{k^3}\frac{1}{\dfrac{\operatorname{sh} kl-\operatorname{sh} 2kl}{\operatorname{ch} 2kl-\operatorname{ch} kl}+\operatorname{sh} kl+\operatorname{sh} 2kl}$$

于是有

$$u_2(x)=\frac{7nq}{6EI}\left(-\frac{1.5l-x}{k^2}-\frac{2}{k^3}\frac{\text{sh }kl-\text{sh }2kl}{\text{sh }kl-\text{sh }2kl+(\text{sh }kl+\text{sh }2kl)(\text{ch }2kl-\text{ch }kl)}\text{sh }kx-\frac{2}{k^3}\frac{1}{\frac{\text{sh }kl-\text{sh }2kl}{\text{ch }2kl-\text{ch }kl}+\text{sh }kl+\text{sh }2kl}\text{ch }kx\right)$$

$$u_2'(x)=\frac{7nq}{6EI}\left(\frac{1}{k^2}-\frac{2}{k^2}\frac{\text{sh }kl-\text{sh }2kl}{\text{sh }kl-\text{sh }2kl+(\text{sh }kl+\text{sh }2kl)(\text{ch }2kl-\text{ch }kl)}\text{ch }kx-\frac{2}{k^3}\frac{1}{\frac{\text{sh }kl-\text{sh }2kl}{\text{ch }2kl-\text{ch }kl}+\text{sh }kl+\text{sh }2kl}\text{sh }kx\right)$$

故桥面板正应力为

$$\sigma_{x2}=-q\frac{h_i}{I}\left\{\left(-\frac{1}{2}x^2+1.5lx-1.1l^2\right)-\left[\left(1-\frac{x^3}{b_i^3}\right)-\frac{3}{4}\frac{I_s}{I}\right]\frac{7n}{6}\cdot\left[\frac{1}{k^2}-\frac{2}{k^2}\frac{\text{sh }kl-\text{sh }2kl}{\text{sh }kl-\text{sh }2kl+(\text{sh }kl+\text{sh }2kl)(\text{ch }2kl-\text{ch }kl)}\text{ch }kx-\frac{2}{k^2}\frac{1}{\frac{\text{sh }kl-\text{sh }2kl}{\text{ch }2kl-\text{ch }kl}+\text{sh }kl+\text{sh }2kl}\text{sh }kx\right]\right\}$$

③ 在 DB 段时，$2l<x\leqslant 3l$，则

$$\begin{cases}Q_3(x)=0.6ql-q(x-2l)\\M_3(x)=0.4qlx-\frac{q}{2}x^2+1.1ql(x-l)+1.1ql(x-2l)\end{cases}$$

解方程 $u_3''-k^2u_3=\frac{7nq}{6EI}(2.6l-x)$，得

$$u_3(x)=\frac{7nq}{6EI}\left(-\frac{2.6l-x}{k^2}+C_5\text{sh }kx+C_6\text{ch }kx\right)$$

由边界条件 $u_3'\Big|_{x=2l}=0, u_3'\Big|_{x=3l}=0, k\neq0$，得

$$C_5=-\frac{2}{k^3}\frac{\text{ch }2kl-\text{ch }3kl}{(\text{sh }2kl-\text{sh }3kl)(\text{ch }2kl+\text{ch }3kl)+(\text{sh }2kl+\text{sh }3kl)(\text{ch }2kl-\text{ch }3kl)}$$

$$C_6=-\frac{2}{k^3}\frac{\text{sh }2kl-\text{sh }3kl}{(\text{sh }2kl-\text{sh }3kl)(\text{ch }2kl+\text{ch }3kl)+(\text{sh }2kl+\text{sh }3kl)(\text{ch }2kl-\text{ch }3kl)}$$

于是有

$$u_3(x)=\frac{7nq}{6EI}\left[-\frac{2.6l-x}{k^2}-\frac{2}{k^3}\frac{\text{ch }2kl-\text{ch }3kl}{(\text{sh }2kl-\text{sh }3kl)(\text{ch }2kl+\text{ch }3kl)+(\text{sh }2kl+\text{sh }3kl)(\text{ch }2kl-\text{ch }3kl)}\text{sh }kx-\frac{2}{k^3}\frac{\text{sh }2kl-\text{sh }3kl}{(\text{sh }2kl-\text{sh }3kl)(\text{ch }2kl+\text{ch }3kl)+(\text{sh }2kl+\text{sh }3kl)(\text{ch }2kl-\text{ch }3kl)}\text{ch }kx\right]$$

$$u_3'(x)=\frac{7nq}{6EI}\left[-\frac{1}{k^2}-\frac{2}{k^3}\frac{\text{ch }2kl-\text{ch }3kl}{(\text{sh }2kl-\text{sh }3kl)(\text{ch }2kl+\text{ch }3kl)+(\text{sh }2kl+\text{sh }3kl)(\text{ch }2kl-\text{ch }3kl)}\text{ch }kx-\frac{2}{k^3}\frac{\text{sh }2kl-\text{sh }3kl}{(\text{sh }2kl-\text{sh }3kl)(\text{ch }2kl+\text{ch }3kl)+(\text{sh }2kl+\text{sh }3kl)(\text{ch }2kl-\text{ch }3kl)}\text{sh }kx\right]$$

故桥面板正应力为

$$\sigma_{x3}=-q\frac{h_i}{I}\left\{\left(-\frac{1}{2}x^2+2.6lx-3.3l^2\right)-\left[\left(1-\frac{x^3}{b_i^3}\right)-\frac{3}{4}\frac{I_s}{I}\right]\cdot\frac{7n}{6}\cdot\right.$$

$$\left[\frac{1}{k^2}-\frac{2}{k^2}\frac{\text{ch }2kl-\text{ch }3kl}{(\text{sh }2kl-\text{sh }3kl)(\text{ch }2kl+\text{ch }3kl)+(\text{sh }2kl+\text{sh }3kl)(\text{ch }2kl-\text{ch }3kl)}\text{ch }kx-\right.$$

$$\frac{2}{k^2}\frac{\mathrm{sh}\ 2kl-\mathrm{sh}\ 3kl}{(\mathrm{sh}\ 2kl-\mathrm{sh}\ 3kl)(\mathrm{ch}\ 2kl+\mathrm{ch}\ 3kl)+(\mathrm{sh}\ 2kl+\mathrm{sh}\ 3kl)(\mathrm{ch}\ 2kl-\mathrm{ch}\ 3kl)}\mathrm{sh}\ kx\Bigg]\Bigg]\Bigg\}$$

3.2　等效连续箱梁有效宽度

3.2.1　连续梁有效宽度计算

有效宽度主要应用于基于简单梁理论计算的杆系结构模型在设计计算时的修正,从而方便研究剪力滞带来的影响。其基本原理是根据翼缘板实际正应力的变化规律,在翼缘板实际几何宽度上选取其中一部分作为有效工作截面进行截面几何特征的计算,最后按简单梁理论计算翼缘板的弯曲应力。

各国规范基本依照简支组合梁的受力分析结果来规定有效宽度,对于连续梁,正负弯矩将分开考虑,即全梁分为边跨、中跨和支座处三个部分,边跨和中跨视为独立的简支梁,支座处视为承受集中荷载的简支梁。各国对理论跨度的规定有所区别,如美国国家公路与运输协会(AASHTO)规范按照均布荷载作用下的弯矩图,根据反弯点长度确定每一部分的等效跨度 L,如图 3.7 所示;我国和日本、欧洲国家采用理论跨度的不同概念确定每一跨的长度。

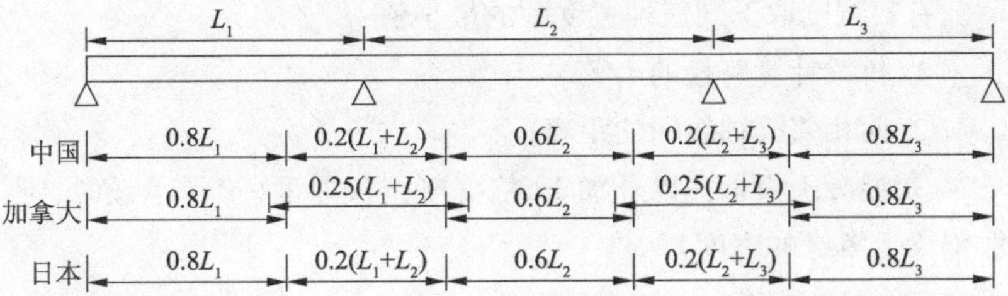

图 3.7　理论跨度

图 3.8 所示为 T 型梁或箱梁的实际应力 σ_z 的分布,其中最大应力为 $\sigma_{\max}$,假设 σ_z 沿翼缘板厚度方向不发生变化,则其计算公式

如下:

$$\sigma_{\max}Bt = t\int\sigma_z \mathrm{d}y \Rightarrow B = \frac{\int\sigma_z \mathrm{d}y}{\sigma_{\max}} \tag{3.30}$$

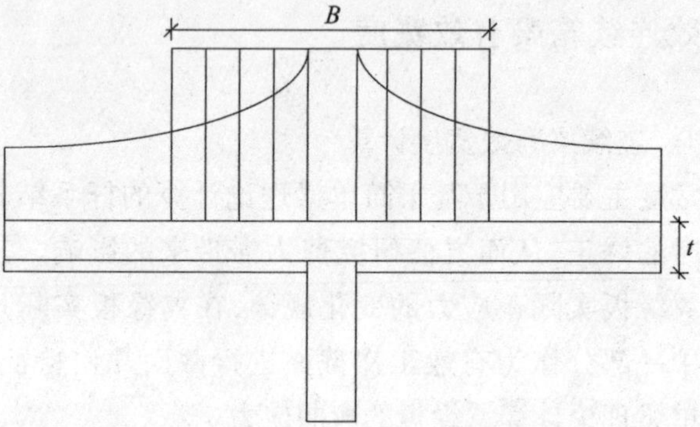

图 3.8　组合桁腹连续梁桥等效梁有效宽度

有效宽度系数 $\varphi = \frac{2B}{b_u} = \frac{\int\sigma_z \mathrm{d}y}{b_u\sigma_{\max}} = \frac{\sigma_0}{\sigma_{\max}}$。式中:$b_u$ 为实际混凝土顶板宽度;σ_0 为按初等梁理论求得的截面正应力。

3.2.2　国内外关于连续梁有效宽度的规定

(1) 中国规范(JTG D64—2015《公路钢结构桥梁设计规范》)

有效宽度取下列三种宽度中的最小值:

① 桥梁计算跨径的 1/3;

② 两相邻梁轴线间的距离;

③ 混凝土板承托以外加 12 倍混凝土板厚度(当无承托时,则取钢梁上翼缘的宽度)。

(2) 日本规范

日本采用单侧翼缘有效宽度的形式来定义有效宽度,即在分析及试验的基础上拟合得到具体数值。

均布荷载下,简支梁的有效宽度为

$$\lambda=\begin{cases} b, & \dfrac{b}{l}<0.05 \\ \left(1.1-2\dfrac{b}{l}\right)b, & 0.05\leqslant\dfrac{b}{l}<0.3 \\ 0.15l, & 0.3\leqslant\dfrac{b}{l} \end{cases}$$

集中荷载下，简支梁的有效宽度为

$$\lambda=\begin{cases} b, & \dfrac{b}{l}<0.02 \\ \left[1.06-3.2\dfrac{b}{l}+4.5\left(\dfrac{b}{l}\right)^2\right]b, & 0.02\leqslant\dfrac{b}{l}<0.3 \\ 0.15l, & 0.3\leqslant\dfrac{b}{l} \end{cases}$$

式中：λ 为单侧翼缘宽度；b 为腹板间距一半或悬臂宽度；l 为等效跨度。在连续梁中间支撑处采用集中荷载公式。

(3) 加拿大规范(CAN/CSA-S6-06)

加拿大规定有效宽度由两部分组成，即中间部分与悬臂部分，中间部分等于钢梁翼缘宽度，悬臂部分的计算公式如下：

$$\lambda=\begin{cases} b-b\left(1-\dfrac{L}{15b}\right)^2, & \dfrac{L}{b}\leqslant 15 \\ b, & \dfrac{L}{b}>15 \end{cases}$$

式中：L 为正负弯矩区理论跨度；λ 为单侧翼缘宽度；b 为腹板间距一半或悬臂宽度。

3.3　斜腹杆轴力分析与计算

斜腹杆轴力分析和计算是验证组合桁腹连续梁桥等效理论的重要步骤，因为桁-箱等效理论中的理论依据大多集中在等效后的连续箱梁上，而斜腹杆轴力的分析和计算不仅是组合桁腹连续梁桥和等效连续箱梁理论之间的联系，还为后续的有限元验证提供了理论基础，使其更具有说服力。

组合桁腹连续梁桥受力时，斜腹杆主要承受轴力，可以考虑通过取一个桁架节间内力平衡条件来求出斜腹杆轴力，如图 3.9 所示。

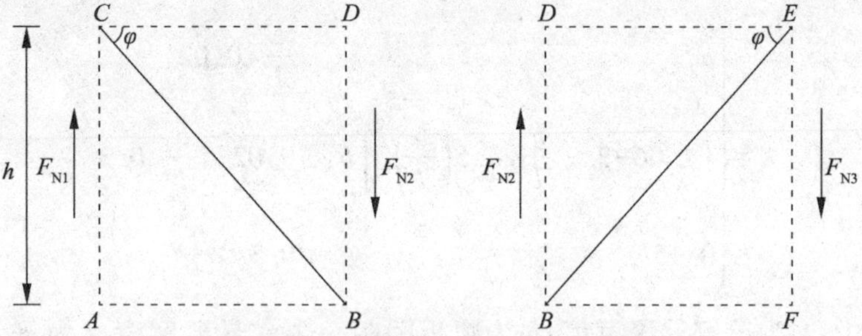

图 3.9　斜腹杆轴力计算示意图

根据受力分析可以求得

$$N_{CB}=-\frac{F_{\mathrm{N1}}}{2\sin\varphi}$$

同理，邻边的斜腹杆轴力为

$$N_{BE}=\frac{F_{\mathrm{N2}}}{2\sin\varphi}$$

由此可知第 i 根斜腹杆的轴力为

$$N_i=\pm\frac{F_{\mathrm{N}i}}{2\sin\varphi}$$

则中跨跨中集中荷载下的轴力为

$$N_i=\begin{cases}\pm\dfrac{0.075P}{2\cos\alpha\sin\varphi}, & 0\leqslant x<l\\[2ex] \pm\dfrac{0.5P}{2\cos\alpha\sin\varphi}, & l\leqslant x\leqslant\dfrac{3}{2}l\end{cases}$$

每跨跨中集中荷载下轴力为

$$N_i=\begin{cases}\pm\dfrac{0.35P}{2\cos\alpha\sin\varphi}, & 0\leqslant x<\dfrac{1}{2}l\\ \mp\dfrac{0.65P}{2\cos\alpha\sin\varphi}, & \dfrac{1}{2}l\leqslant x<l\\ \pm\dfrac{0.5P}{2\cos\alpha\sin\varphi}, & l\leqslant x\leqslant\dfrac{3}{2}l\end{cases}$$

满跨均布荷载下轴力为

$$N_i=\begin{cases}\pm\dfrac{0.4ql-qx}{2\cos\alpha\sin\varphi}, & 0\leqslant x<l\\ \pm\dfrac{-\dfrac{q}{2}x^2+1.5qlx-1.1ql^2}{2\cos\alpha\sin\varphi}, & l\leqslant x\leqslant\dfrac{3}{2}l\end{cases}$$

3.4　竖向挠度分析与计算

3.4.1　中跨跨中集中荷载

在 3.1.3(1)节已经求得中跨跨中集中荷载下连续梁弯矩为

$$M(x)=\begin{cases}-0.075Px, & 0\leqslant x<l\\ 0.5Px-0.575Pl, & l\leqslant x\leqslant\dfrac{3}{2}l\end{cases}$$

这里只列出了一半的公式,根据对称性可以求得另一半。对弯矩求两次不定积分,分别得到连续梁的转角和挠度的相关公式如下:

$$EI\theta(x)=\begin{cases}-\dfrac{0.075}{2}Px^2, & 0\leqslant x<l\\ \dfrac{0.5}{2}Px^2-0.575Plx, & l\leqslant x\leqslant\dfrac{3}{2}l\end{cases}$$

$$EI\omega(x)=\begin{cases}-\dfrac{0.075}{6}Px^3+C_1x+C_2, & 0\leqslant x<l\\ \dfrac{0.5}{6}Px^3-\dfrac{0.575}{2}Plx^2+D_1x+D_2, & l\leqslant x\leqslant\dfrac{3}{2}l\end{cases}$$

当 $x=0$, $\omega=0$ 时, $C_2=0$; 当 $x=l$, $\omega=0$ 时, $C_1=\dfrac{0.075}{6}Pl^2$,

$D_1=\left(\dfrac{62}{192}-\dfrac{1.146}{50EI}\right)Pl^2$, $D_2=-\dfrac{19}{160}Pl^3$, 于是有

$$\omega(x)=\begin{cases}-\dfrac{0.075}{6EI}Px^3+\dfrac{0.075}{6EI}Pl^2x, & 0\leqslant x<l\\ \dfrac{0.5}{6EI}Px^3-\dfrac{0.575}{2EI}Plx^2+\left(\dfrac{62}{192}-\dfrac{1.146}{50EI}\right)\dfrac{Pl^2}{EI}x-\dfrac{19}{160EI}Pl^3, & l\leqslant x\leqslant\dfrac{3}{2}l\end{cases}$$

3.4.2 每跨跨中集中荷载

在3.1.3(2)节已经求得每跨跨中集中荷载下连续梁的弯矩为

$$M(x)=\begin{cases}0.35Px, & 0\leqslant x<\dfrac{1}{2}l\\ -0.65Px+0.5Pl, & \dfrac{1}{2}l\leqslant x<l\\ 0.5Px-0.65Pl, & l\leqslant x\leqslant\dfrac{3}{2}l\end{cases}$$

这里只列出了一半的公式,根据对称性可以求得另一半。对弯矩求两次不定积分,分别得到连续梁的转角和挠度的相关公式如下:

$$EI\theta(x)=\begin{cases}\dfrac{0.35}{2}Px^2+C_1, & 0\leqslant x<\dfrac{1}{2}l\\ -\dfrac{0.65}{2}Px^2+0.5Plx+C_2, & \dfrac{1}{2}l\leqslant x<l\\ \dfrac{0.5}{2}Px^2-0.65Plx+C_3, & l\leqslant x\leqslant\dfrac{3}{2}l\end{cases}$$

$$EI\omega(x)=\begin{cases}\dfrac{0.35}{6}Px^3+C_1x+D_1, & 0\leqslant x<\dfrac{1}{2}l\\ -\dfrac{0.65}{6}Px^3+\dfrac{0.5}{2}Plx^2+C_2x+D_2, & \dfrac{1}{2}l\leqslant x<l\\ \dfrac{0.5}{6}Px^3-\dfrac{0.65}{2}Plx^2+C_3x+D_3, & l\leqslant x\leqslant\dfrac{3}{2}l\end{cases}$$

当 $x=0$ 时，$\omega=0$；当 $x=\dfrac{1}{2}l$ 时，$\omega=-1.146\,\dfrac{Pl^3}{100EI}$；当 $x=l$ 时，$\omega=0$；当 $x=\dfrac{3}{2}l$ 时，$\omega=-0.208\,\dfrac{Pl^3}{100EI}$，得

$$C_1=-\left(\frac{0.35}{24}+\frac{1.146}{50EI}\right)Pl^2,D_1=0$$

$$C_2=\left(1.146\,\frac{1}{50EI}-\frac{89}{480}\right)Pl^2,D_2=\left(1.146\,\frac{1}{50EI}-\frac{7}{180}\right)Pl^3$$

$$C_3=\left(\frac{5}{12}-0.208\,\frac{1}{50EI}\right)Pl^2,D_3=\left(0.208\,\frac{1}{50EI}-\frac{7}{40}\right)Pl^3$$

则

$$\omega(x)=\begin{cases}\dfrac{0.35}{6EI}Px^3-\left(\dfrac{0.35}{24}+\dfrac{1.146}{50EI}\right)\dfrac{Pl^2}{EI}x, & 0\leqslant x<\dfrac{1}{2}l\\ -\dfrac{0.65}{6EI}Px^3+\dfrac{0.5}{2EI}Plx^2+\left(1.146\,\dfrac{1}{50EI}-\dfrac{89}{480}\right)\dfrac{Pl^2}{EI}x+ & \\ \left(1.146\,\dfrac{1}{50EI}-\dfrac{7}{180}\right)\dfrac{Pl^3}{EI}, & \dfrac{1}{2}l\leqslant x<l\\ \dfrac{0.5}{6EI}Px^3-\dfrac{0.65}{2EI}Plx^2+\left(\dfrac{5}{12}-0.208\,\dfrac{1}{50EI}\right)\dfrac{Pl^2}{EI}x+ & \\ \left(0.208\,\dfrac{1}{50EI}-\dfrac{7}{40}\right)\dfrac{Pl^3}{EI}, & l\leqslant x\leqslant\dfrac{3}{2}l\end{cases}$$

3.4.3　满跨均布荷载

由3.1.3(3)节内容可知，满跨均布荷载下连续梁的弯矩为

$M(x)=0.4qlx-\frac{q}{2}x^2+1.1ql(x-l)+1.1ql(x-2l)$，对弯矩求两次不定积分，分别得到连续梁转角和挠度的相关公式如下：

$$EI\theta(x)=\frac{0.4}{2}qlx^2-\frac{q}{6}x^3+\frac{1.1ql(x-l)^2}{2}+\frac{1.1ql(x-2l)^2}{2}+C$$

$$EI\omega(x)=\frac{0.4}{6}qlx^3-\frac{q}{24}x^4+\frac{1.1ql(x-l)^3}{6}+\frac{1.1ql(x-2l)^3}{6}+Cx+D$$

当 $x=0,\omega=0$ 时，$D=0$；当 $x=3l,\omega=0$ 时，$C=-0.025ql^3$，该三等跨等截面连续梁的挠度方程为

$$\omega=\frac{1}{EI}\left[\frac{0.4}{6}qlx^3-\frac{q}{24}x^4+\frac{1.1ql(x-l)^3}{6}+\frac{1.1ql(x-2l)^3}{6}-0.025ql^3x\right]$$ 。

3.5 有限元分析与验证

3.5.1 有限元建模

本章用于验证理论值的有限元模型与第 2 章相同，如图 3.10 所示，有限元模型依据实际模型建立。全长 106.338 m，跨径布置为(29.55+47.238+29.55)m，桁架高 2.3 m，梁高 2.782 m，斜腹杆与水平方向夹角为 67°，斜腹板倾角 $\alpha=30°$，杆的横截面积为 14 275.4 mm^2，桁架节间距为 1.95 m，一根腹杆的长度 $l_t=d=$ 2.496 m。

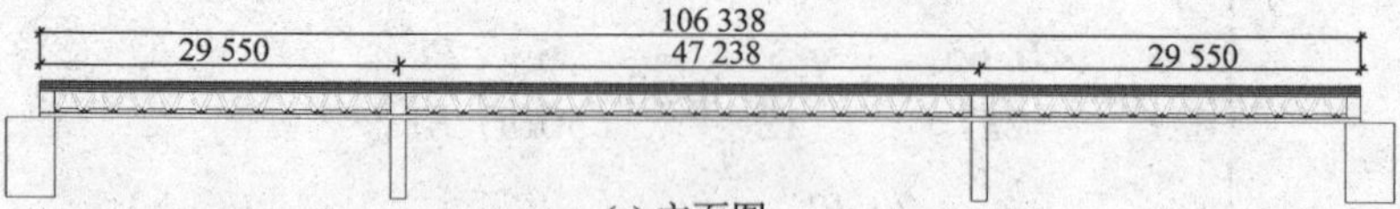

(a) 立面图

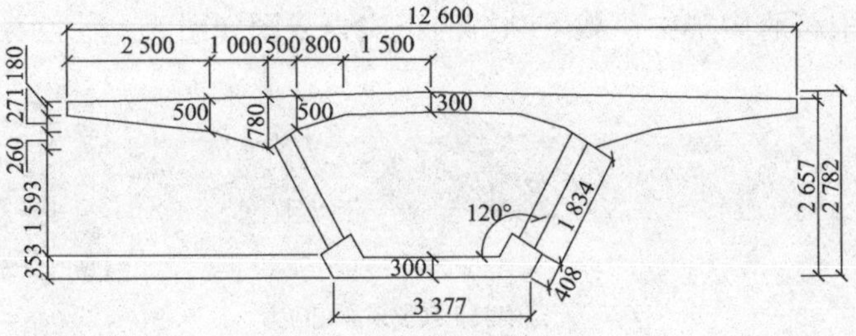

(b) 横截图

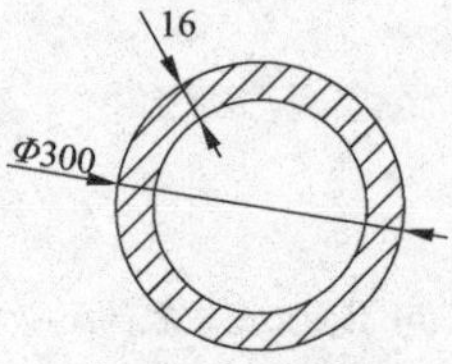

(c) 钢腹杆横截面

图 3.10　有限元模型尺寸图(单位:mm)

3.5.2　等效连续箱梁剪力滞效应验证

本书荷载加载的位置处于钢腹杆与混凝土顶板交界处,计算参数见表 3.1。

表 3.1　弯曲特性计算参数

A_u	A_b	I	I_s	h_u	h_b	t_u	t_b
5.04 m²	1.35 m²	5.06 m⁴	4.92 m⁴	0.5 m	1.957 m	0.3 m	0.3 m

(1) 中跨跨中集中荷载

跨中集中荷载沿顶板顺桥的中轴线对称分布,且位于钢腹杆与混凝土顶板的交界处,荷载大小均为 360 kN,如图 3.11 所示。

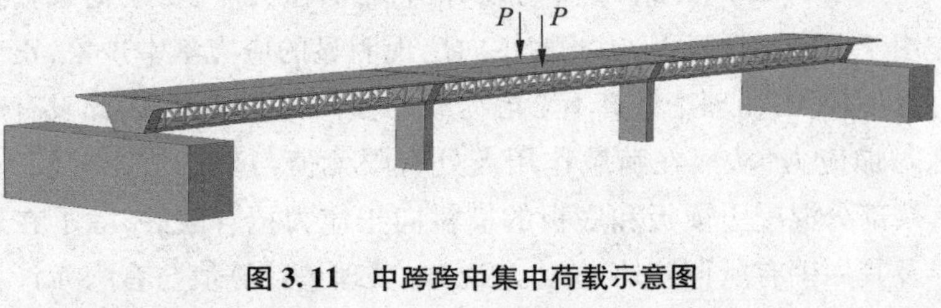

图 3.11　中跨跨中集中荷载示意图

中跨跨中集中荷载下顺桥向正应力云图如图 3. 12 所示。

(a) 混凝土顶板顶部正应力

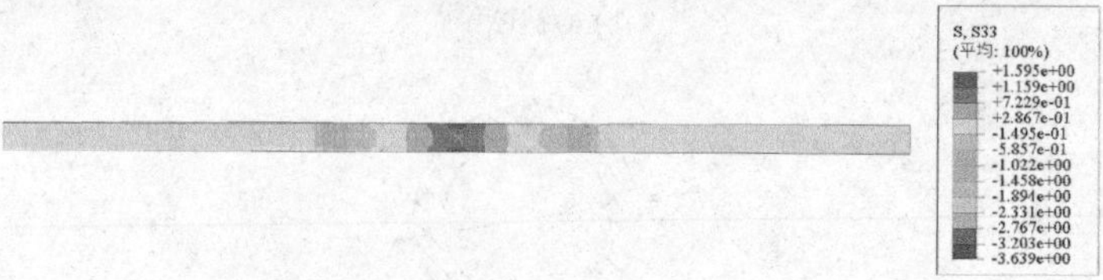

(b) 混凝土底板底部正应力

图 3. 12　中跨跨中集中荷载下顺桥向正应力云图

从图 3. 12 可以看出，对于中跨跨中集中荷载情况，组合桁腹连续梁桥混凝土顶板和底板的正应力从两端向中间逐渐增大，从而导致中跨整体有明显的剪力滞效应，在跨中和边支座处体现出负剪力滞效应。

模拟值与理论值对比如图 3. 13 所示。从图 3. 13a 和图 3. 13b 可以看出，由本书得到的理论公式计算出的混凝土顶板和底板的顺桥向正应力与有限元的数值模拟值不仅吻合较好，而且趋势一致。其中，边跨上混凝土顶板和底板的正应力较小且几乎没有起伏变化，而中跨由于跨中集中力的作用，有明显且规律的正应力曲线，底板呈正“V”字形，而顶板呈倒“V”字形。

从图 3. 13c 和图 3. 13d 可以看出，在有限元中，由于荷载直接作用于混凝土顶板上，因此横桥向出现明显的应力集中现象，正应力峰值较大；而理论计算不考虑荷载的横向作用位置，因此没有产生附加应力，从而在荷载作用点处有限元值与理论值相差较大。其余部分混凝土顶板和底板的横桥向正应力拟合较好，除了在边界及其周围有所偏差外，总体来说，本书理论计算值与有限元计算值吻合较好。

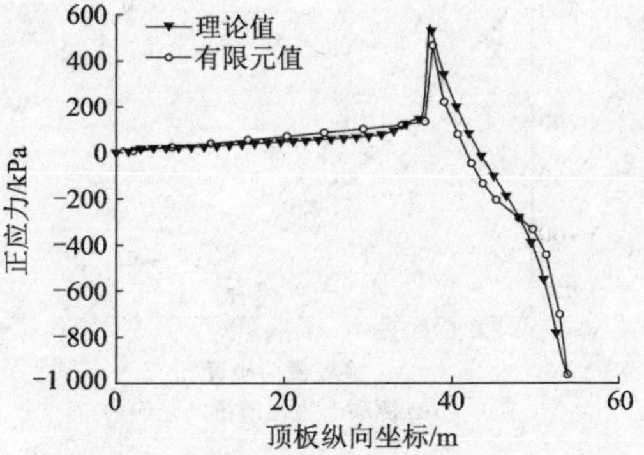

(a) 混凝土顶板顺桥向正应力

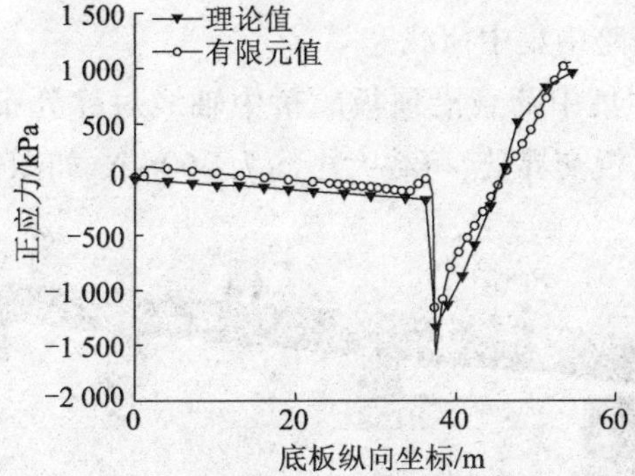

(b) 混凝土底板顺桥向正应力

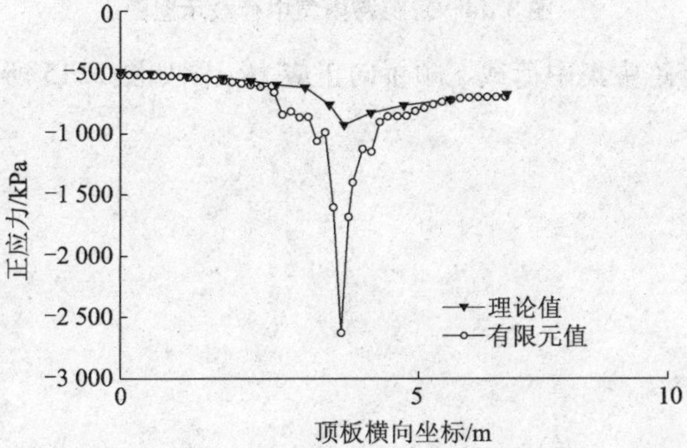

(c) 混凝土顶板横桥向正应力

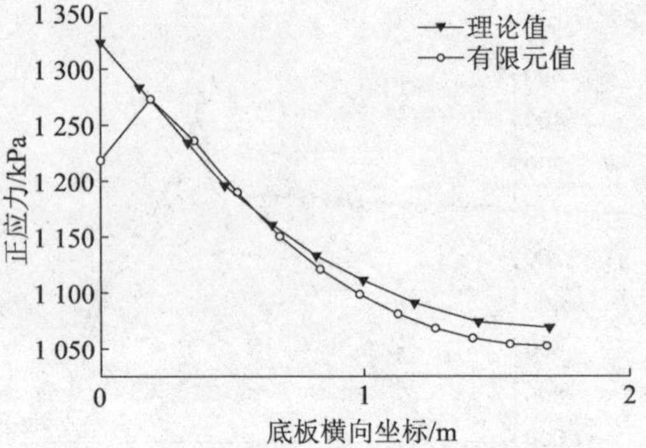

(d) 混凝土底板横桥向正应力

图 3.13　模拟值与理论值对比

(2) 每跨跨中集中荷载

每跨跨中集中荷载沿顶板顺桥中轴线对称分布，且位于钢腹杆与混凝土顶板交界处，荷载大小均为 360 kN，如图 3.14 所示。

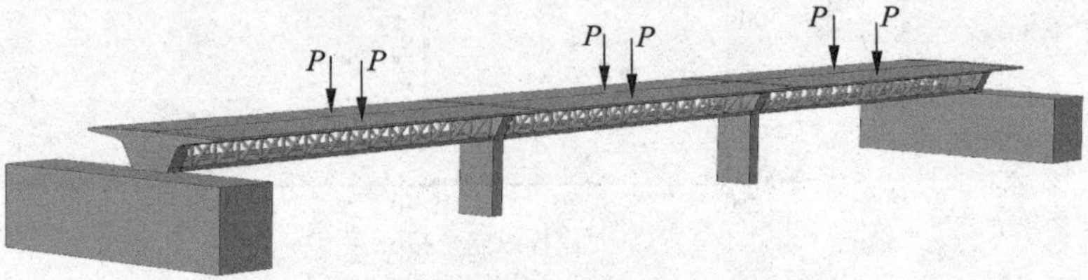

图 3.14　每跨跨中集中荷载示意图

每跨跨中集中荷载下顺桥向正应力云图如图 3.15 所示。

(a) 混凝土顶板顶部正应力

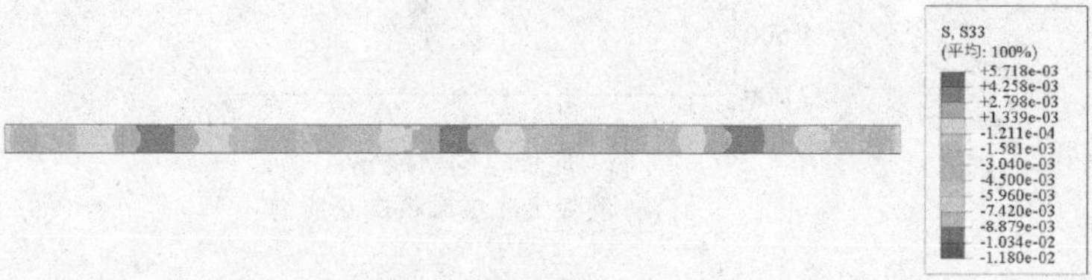

(b) 混凝土底板底部正应力

图 3.15　每跨跨中集中荷载下顺桥向正应力云图

从图 3.15 可以看出，对于每跨跨中集中荷载情况，组合桁腹连续梁桥混凝土顶板和底板的正应力从两端向中间逐渐增大，从而导致中跨整体有明显的剪力滞效应，在每跨跨中和边支座处有负剪力滞效应。

模拟值与理论值对比如图 3.16 所示。

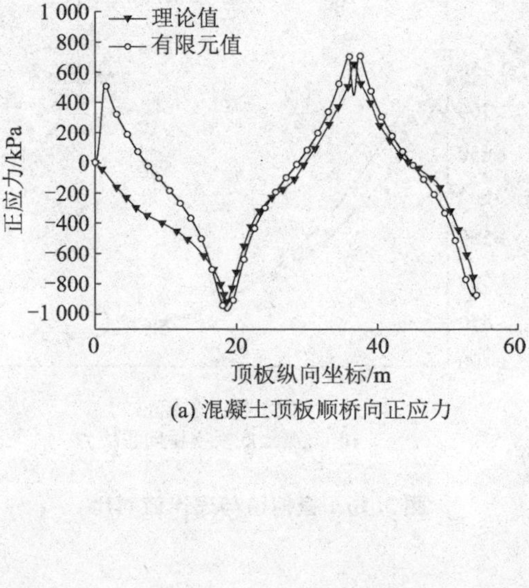

(a) 混凝土顶板顺桥向正应力

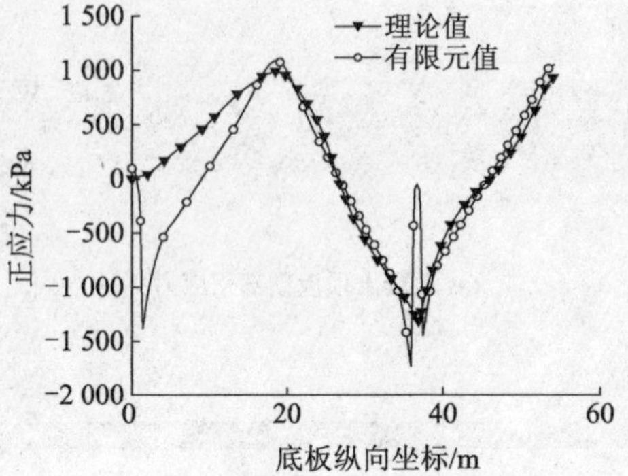

(b) 混凝土底板顺桥向正应力

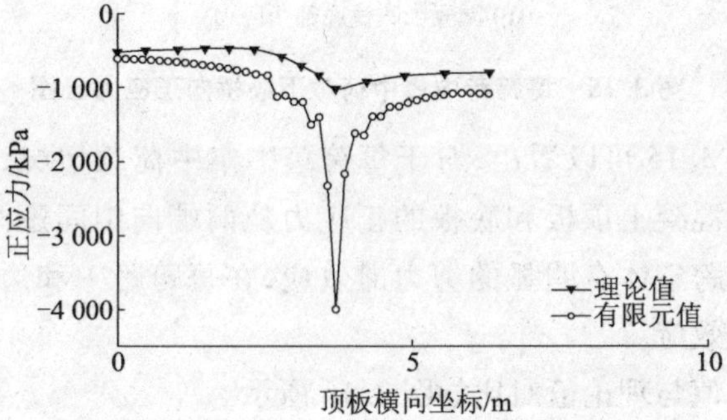

(c) 混凝土顶板横桥向正应力

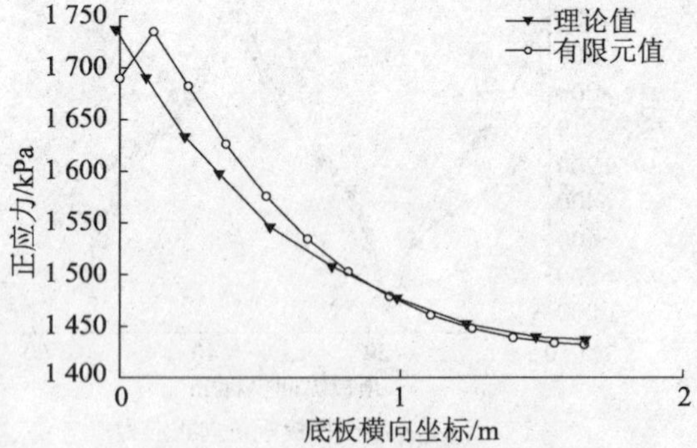

(d) 混凝土底板横桥向正应力

图 3.16　模拟值与理论值对比

从图3.16a和图3.16b可以看出，由本书得到的理论公式计算出的混凝土顶板和底板的顺桥向正应力与有限元的数值模拟值不仅吻合较好，且趋势一致。其中，边跨上混凝土顶板和底板正应力差距较大，而中跨区域吻合良好，整体曲线顶板呈现正“V”字形，而底板呈倒“V”字形。

从图3.16c和图3.16d可以看出，在有限元中，由于荷载直接作用于混凝土顶板上，因此横桥向出现明显的应力集中现象，正应力峰值较大；而理论计算不考虑荷载的横向作用位置，因此没有产生附加应力，从而在荷载作用点处有限元值与理论值相差较大。其余部分混凝土顶板和底板的横桥向正应力拟合较好，除了在边界及其周围有所偏差外，总体来说，本书理论计算值较为合理。

(3) 满跨均布荷载

满跨均布荷载沿顶板顺桥中轴线对称分布，且位于钢腹杆与混凝土顶板交界处，荷载大小均为10.5 kN/m，如图3.17所示。

图3.17 满跨均布荷载示意图

满跨均布荷载下顺桥向正应力云图如图3.18所示。

(a) 混凝土顶板顶部正应力

(b) 混凝土底板底部正应力

图 3.18　满跨均布荷载下顺桥向正应力云图

从图 3.18 可以看出,对于满跨均布荷载情况,组合桁腹连续梁桥混凝土顶板和底板的正应力不太明显,但仍可以看出优先从荷载作用点所在横桥向两端往中心轴线发展,从而导致中跨整体产生剪力滞效应,在每跨跨中和边支座处有明显的负剪力滞效应。

模拟值与理论值对比如图 3.19 所示。

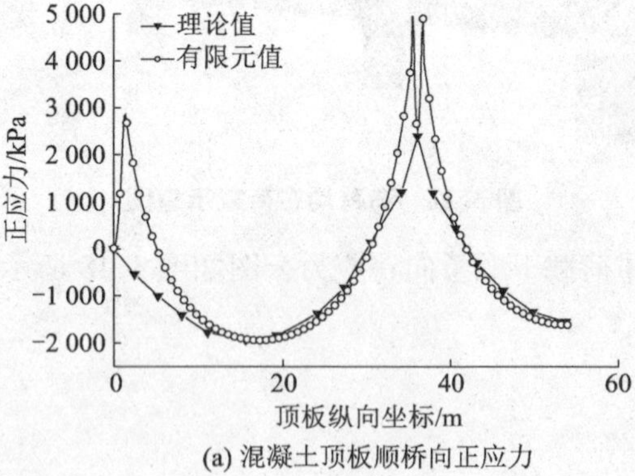

(a) 混凝土顶板顺桥向正应力

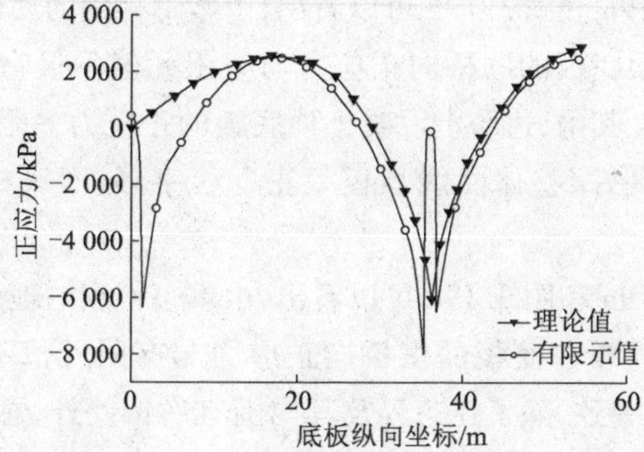

(b) 混凝土底板顺桥向正应力

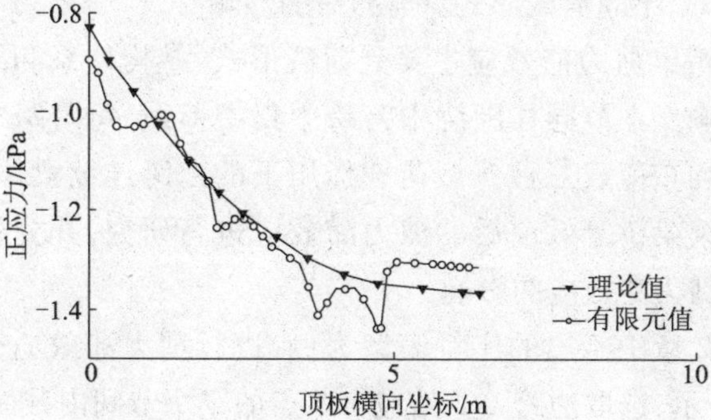

(c) 混凝土顶板横桥向正应力

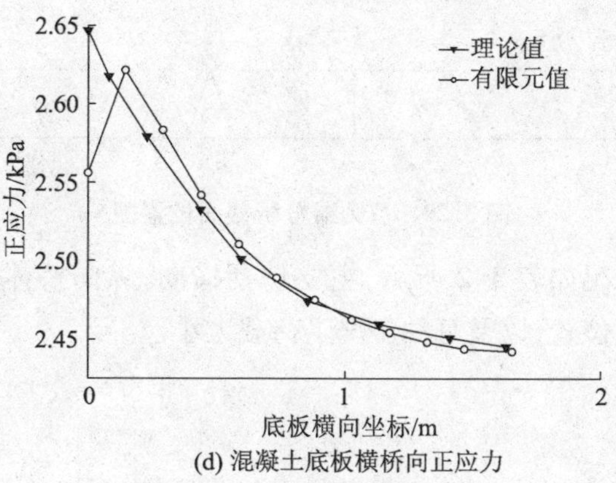

(d) 混凝土底板横桥向正应力

图 3. 19　模拟值与理论值对比

从图3.19a和图3.19b可以看出，由本书得到的理论公式计算出的混凝土顶底板的顺桥向正应力与有限元值不仅吻合较好，而且趋势一致。其中，边跨上混凝土顶底板的正应力差距较大，而中跨区域吻合良好，整体曲线顶板呈正“U”字形，而底板呈倒“U”字形。

从图3.19c和图3.19d可以看出，由本书得到的理论公式计算出的混凝土顶板和底板的横桥向正应力与有限元值不仅吻合较好，而且趋势一致，除了在边界及其周围有所偏差外，总体来说，本书理论计算值较为合理。

3.5.3 不同荷载形式对剪力滞的影响

等效箱梁剪力滞效应主要受荷载形式、结构体系和结构几何特征的影响。本节同样围绕中跨跨中集中荷载、每跨跨中集中荷载和满跨均布荷载三种典型荷载作用下的三跨连续梁体系，对组合桁腹连续梁桥等效前后的剪力滞效应进行研究，并分析不同加载位置对剪力滞效应的影响。

以第2章中给出的实桥模型为例，进行剪力滞效应分析。如图3.20所示，选取边跨1/2处包含节点的半个节间内截面B，E，选取每个支座处包含节点的半个节间内截面A，C，D。

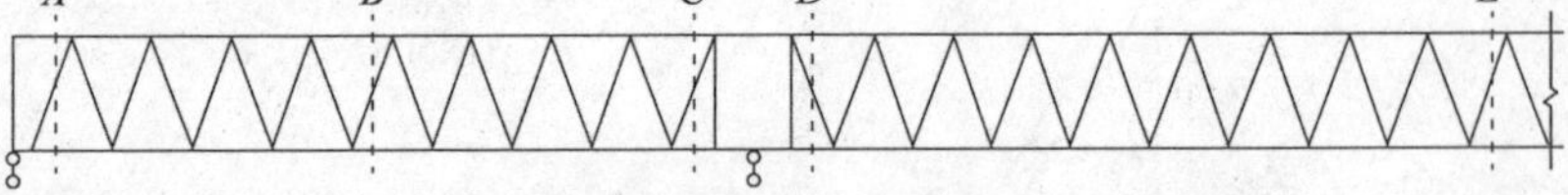

图3.20 剪力滞分析截面位置图

荷载工况如表3.2所示，主要包括横向、纵向桥体荷载情况，荷载的作用位置，以及每种工况下荷载大小。

表 3.2　荷载工况

横向		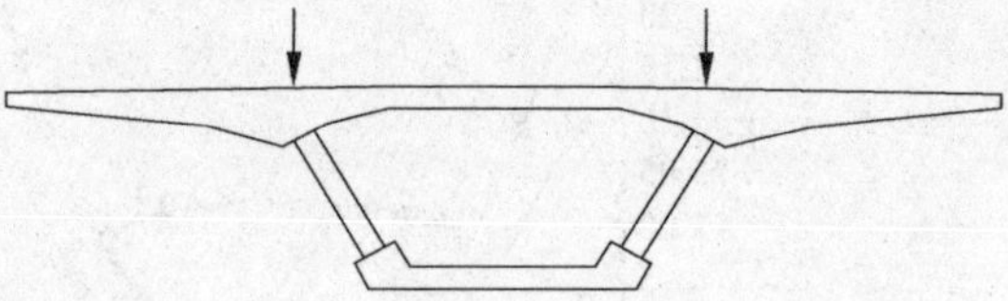
纵向	中跨跨中集中荷载 $P=360$ kN	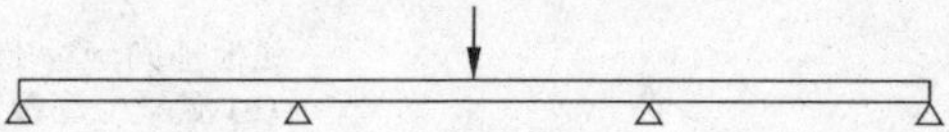
	每跨跨中集中荷载 $P=360$ kN	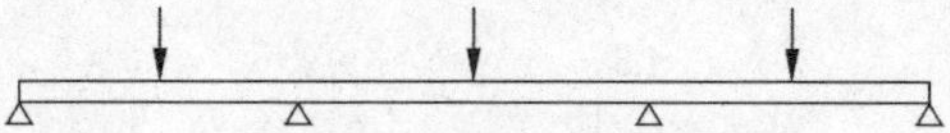
	满跨均布荷载 $q=10.5$ kN/m	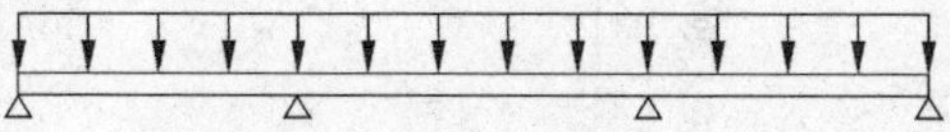

每种工况下，A，B，C，D，E 处混凝土板的剪力滞系数分布分别如图 3.21 至图 3.25 所示。

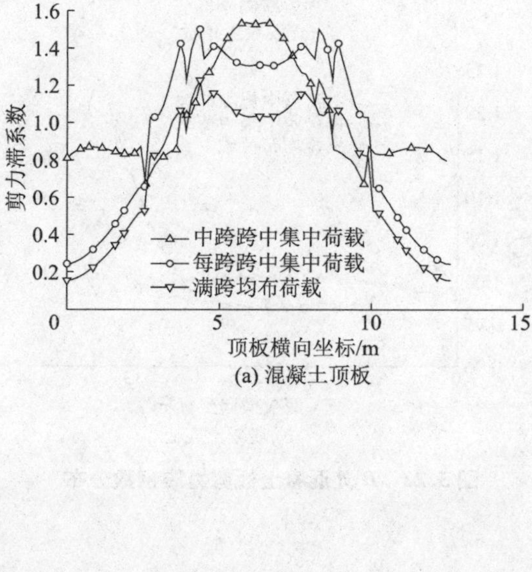

(a) 混凝土顶板

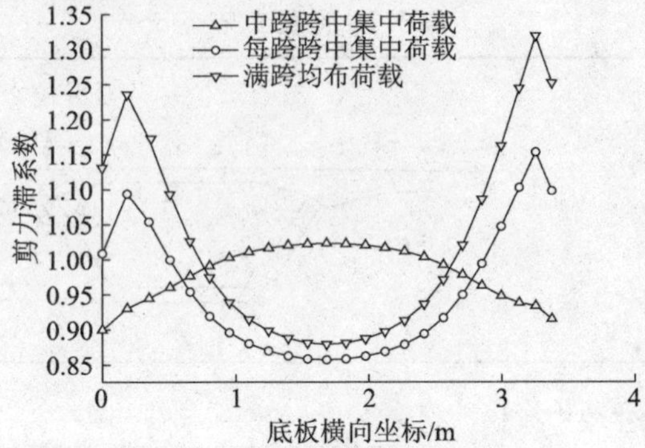

(b) 混凝土底板

图 3.21 *A* 处混凝土板剪力滞系数分布

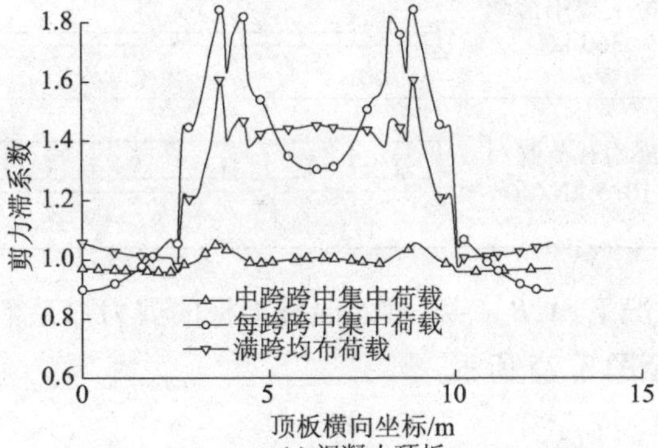

(a) 混凝土顶板

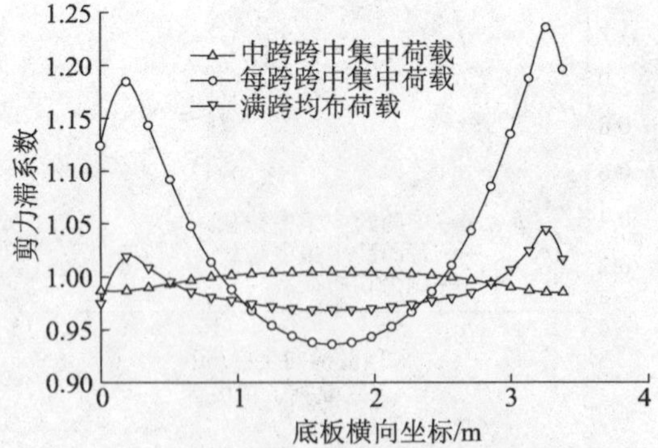

(b) 混凝土底板

图 3.22 *B* 处混凝土板剪力滞系数分布

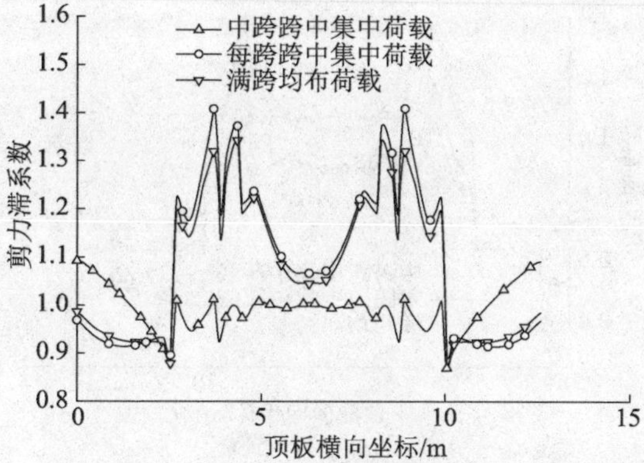

(a) 混凝土顶板

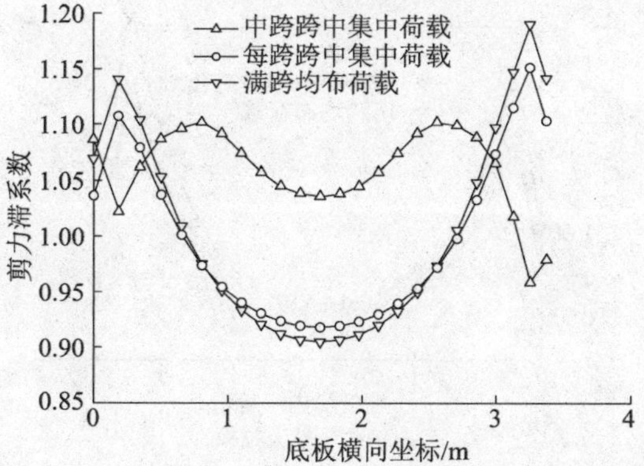

(b) 混凝土底板

图 3.23　*C* 处混凝土板剪力滞系数分布

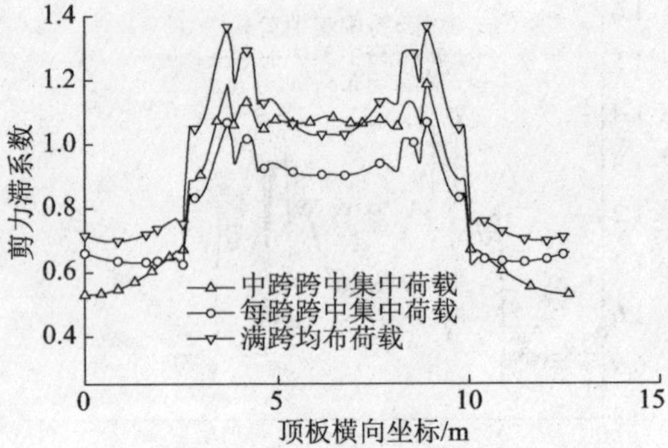

(a) 混凝土顶板

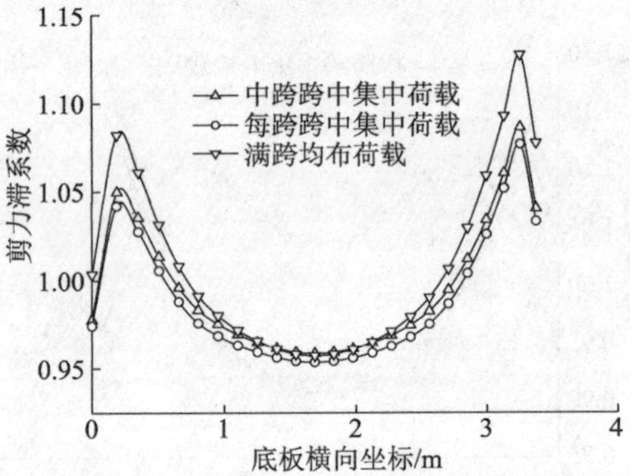

(b) 混凝土底板

图 3.24　*D* 处混凝土板剪力滞系数分布

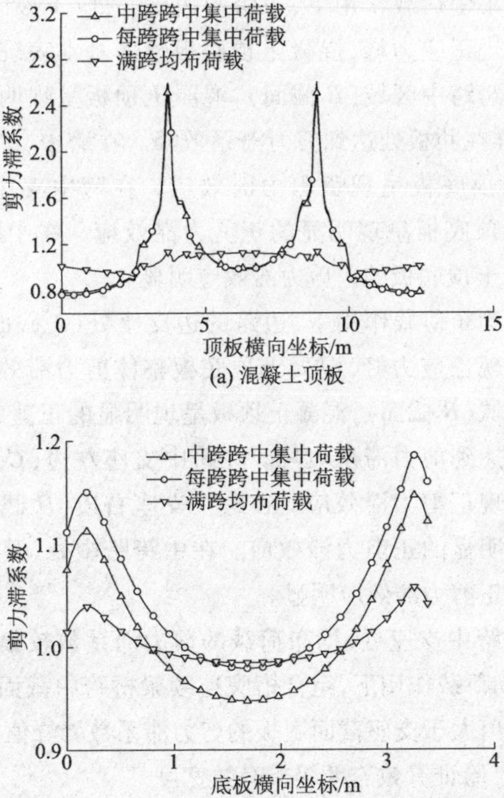

(a) 混凝土顶板

(b) 混凝土底板

图 3.25　*E* 处混凝土板剪力滞系数分布

在中跨跨中集中荷载作用下，边跨的边支座处（*A* 截面）的混凝土顶板中轴处出现剪力滞系数峰，混凝土顶底板整体基本表现为负剪力滞效应，但是不太明显，原因可能是中跨跨中集中荷载下边跨几乎不受力。在边跨跨中区域（*B* 截面），混凝土顶底板的负剪力滞效应不明显，原因可能是边跨几乎不受力。在跨中支座左边（*C* 截面），混凝土顶底板呈现明显的负剪力滞效应。在跨中支座右边（*D* 截面），混凝土顶底板呈现明显的负剪力滞效应。在中跨跨中（*E* 截面），混凝土顶底板的正剪力滞效应明显。

在每跨集中荷载作用下，边跨的边支座处（A 截面）混凝土顶板肋板处出现正应力峰，混凝土顶底板整体基本表现为正剪力滞效应。在边跨跨中区域（B 截面），混凝土顶板呈现明显的正剪力滞效应，同样在肋板处达到剪力滞系数峰。在跨中支座左边（C 截面），混凝土顶底板呈现负剪力滞效应。在跨中支座右边（D 截面），混凝土顶底板呈现明显的正剪力滞效应。在中跨跨中处（E 截面），混凝土顶底板的正剪力滞效应明显。

在满跨均布荷载作用下，边跨的边支座处（A 截面）混凝土顶板肋板处出现正应力峰，混凝土顶底板整体剪力滞效应明显。在边跨跨中区域（B 截面），混凝土顶板呈现明显的正剪力滞效应，同样在肋板处达到剪力滞系数峰。在跨中支座左边（C 截面），混凝土顶底板呈现正剪力滞效应。在跨中支座右边（D 截面），混凝土顶底板呈现明显的正剪力滞效应。在中跨跨中处（E 截面），混凝土顶底板的正剪力滞效应明显。

在中跨跨中支座处，均布荷载的剪力滞系数较集中荷载偏小一些；在相同荷载作用下，组合桁腹连续梁桥跨中截面顶板的剪力滞系数峰峰值大于支座截面底板的剪力滞系数峰峰值。

3.5.4 验证等效连续箱梁有效宽度

本书除了理论值与有限元值对比外，还将参照 JTG 3362—2018《公路钢筋混凝土及预应力混凝土桥涵设计规范》、JTG D64—2015《公路钢结构桥梁设计规范》和 GB 50917—2013《钢-混凝土组合桥梁设计规范》中有关连续箱梁桥规定的计算方法得到的计算值。

（1）中跨跨中集中荷载

中跨跨中集中荷载下顶底板有效宽度对比如图 3.26 所示。

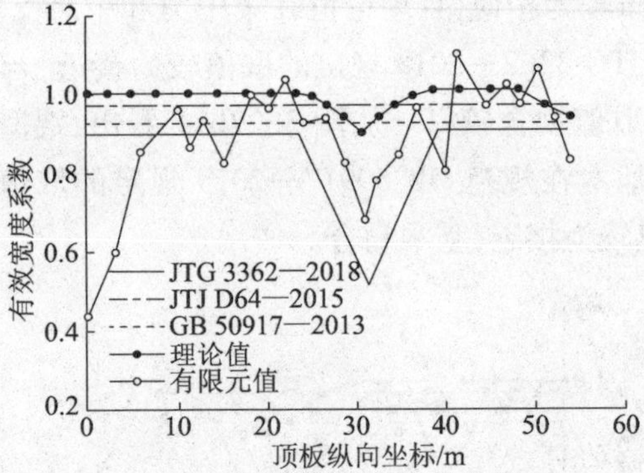

(a) 混凝土顶板有效宽度系数

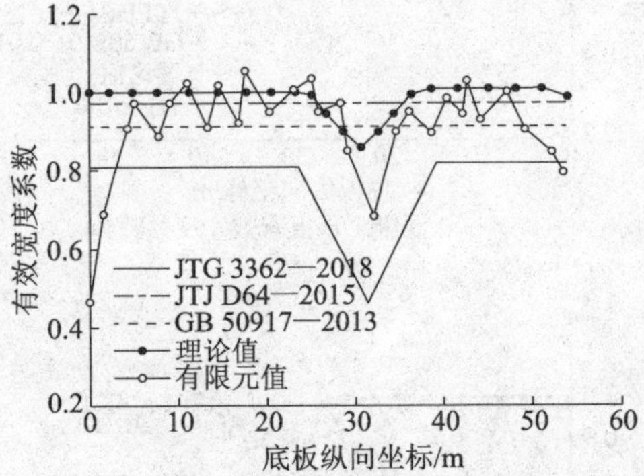

(b) 混凝土底板有效宽度系数

图 3.26　中跨跨中集中荷载下顶底板有效宽度对比

从图 3.26a 可以看出，混凝土顶板的有限元等效宽度系数波动较大，但是其趋势与 JTG 3362—2018 规定的取值和理论值基本一致。从图 3.26b 可以看出，混凝土底板的有效宽度系数基本在规范 JTG 3362—2018 规定的取值范围上下波动，与理论值较为接近，基本吻合。

（2）每跨跨中集中荷载

每跨跨中集中荷载下顶底板有效宽度对比如图 3.27 所示。

从图 3.27a 可以看出，混凝土顶板的有效宽度系数分布理论值和有限元分布较为相似，且理论值在集中力和中跨支座处会减小，其余位置与 JTG 3362—2018 规定的取值较为接近，与 GB 50917—2013 规定的取值吻合较好。从图 3. 27b 可看出，混凝土底板的有效宽度系数基本在规范 GB 50917—2013 规定的取值范围上下波动，与理论值较为接近，基本吻合。

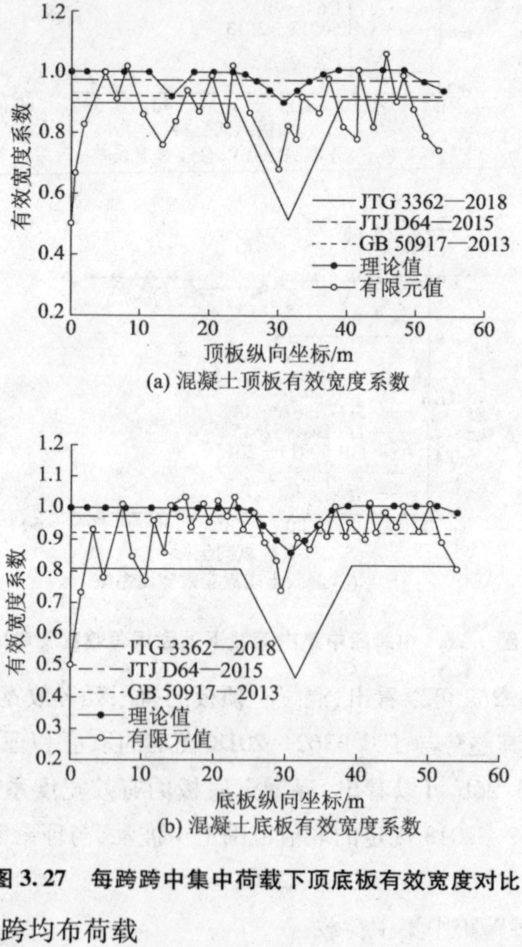

图 3. 27　每跨跨中集中荷载下顶底板有效宽度对比

（3）满跨均布荷载

满跨均布荷载下顶底板有效宽度对比如图 3. 28 所示。

从图 3. 28a 可以看出，混凝土顶板的有限元与理论值有效宽度系数波动不明显,不同规范与理论值和有限元值相差不多且趋势相近,故本书提出的理论较为准确。

从图 3.28b 可以看出,对于混凝土底板,除了在跨中荷载处稍有偏差以外,其余部分理论值与有限元幅度和趋势较为相近,且略大于 JTG 3362—2018 规定的取值,但与 GB 50917—2013 规定的取值除了支座附近有所偏差以外,其余段吻合很好,支座处的有效宽度系数较计算值偏小。

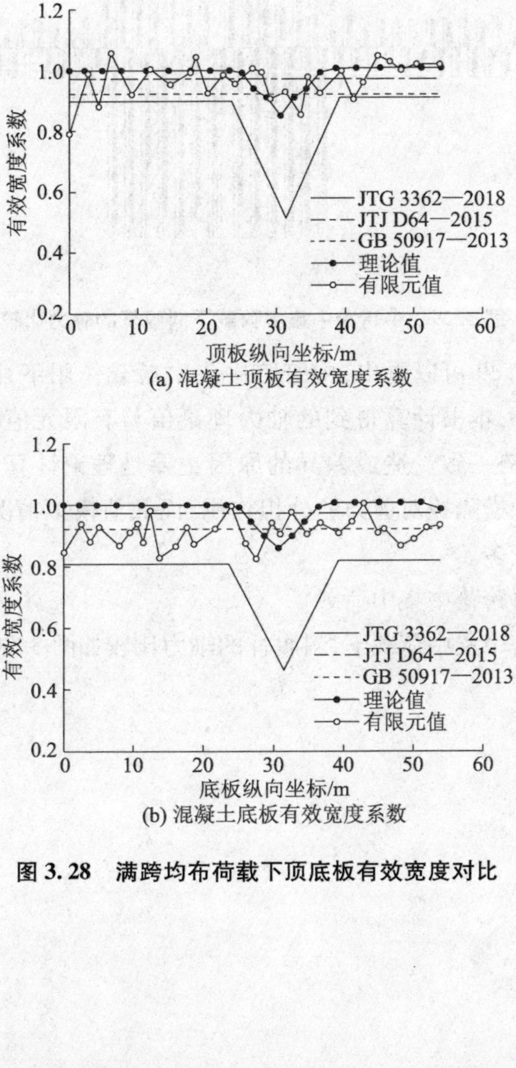

图 3.28　满跨均布荷载下顶底板有效宽度对比

3.5.5 组合桁腹连续梁桥斜腹杆轴力验证

(1)中跨跨中集中荷载

中跨跨中集中荷载下,斜腹杆的轴力比较如图 3.29 所示。

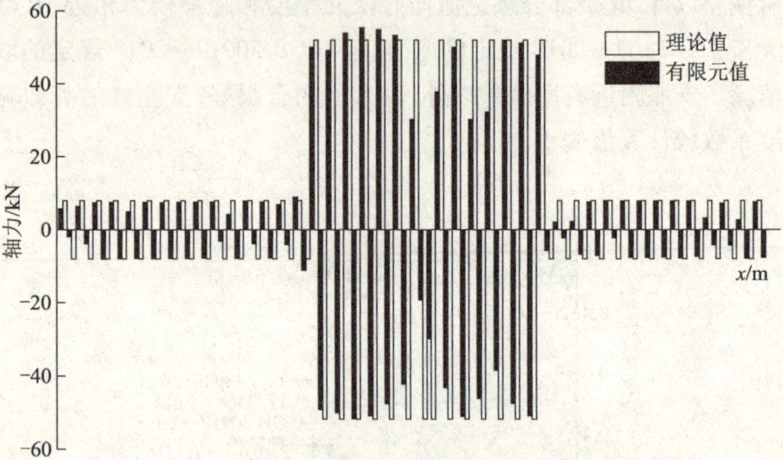

图 3.29 中跨跨中集中荷载下斜腹杆的轴力比较

从图 3.29 可以看出,中跨跨中集中荷载作用下,除加载点与支座处以外,本书计算得到的轴力理论值与有限元值结果上比较相近,且趋势一致。造成差异的原因主要是理论计算不考虑混凝土顶底板和横隔板对剪力的分担作用,而数值模拟情况更为复杂,影响因素较多。

(2) 每跨跨中集中荷载

每跨跨中集中荷载下,斜腹杆的轴力比较如图 3.30 所示。

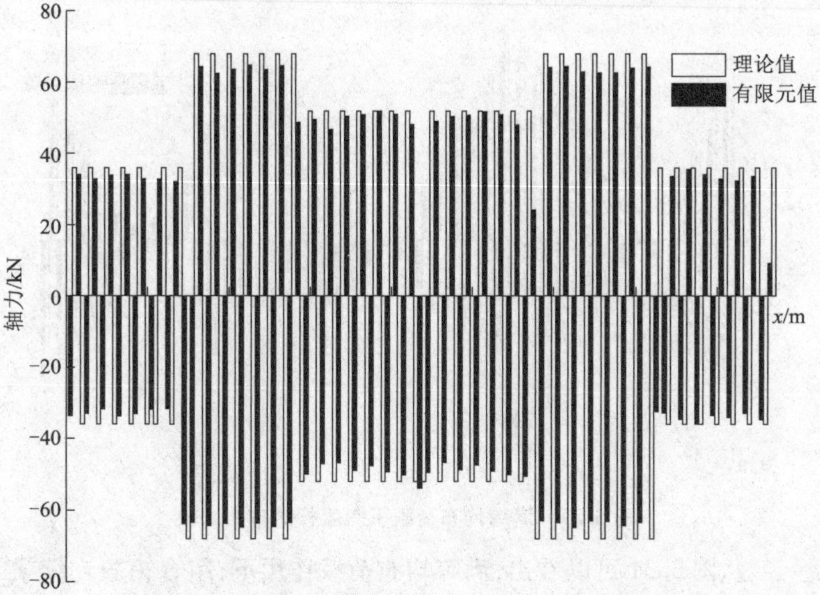

图 3.30　每跨跨中集中荷载下斜腹杆的轴力比较

从图 3.30 可以看出,每跨跨中集中荷载作用下,除在跨中支座及荷载施加处稍有偏差外,其余部分理论值与有限元数值吻合较好,且趋势相近。

(3) 满跨均布荷载

满跨均布荷载下,斜腹杆的轴力比较如图 3.31 所示。

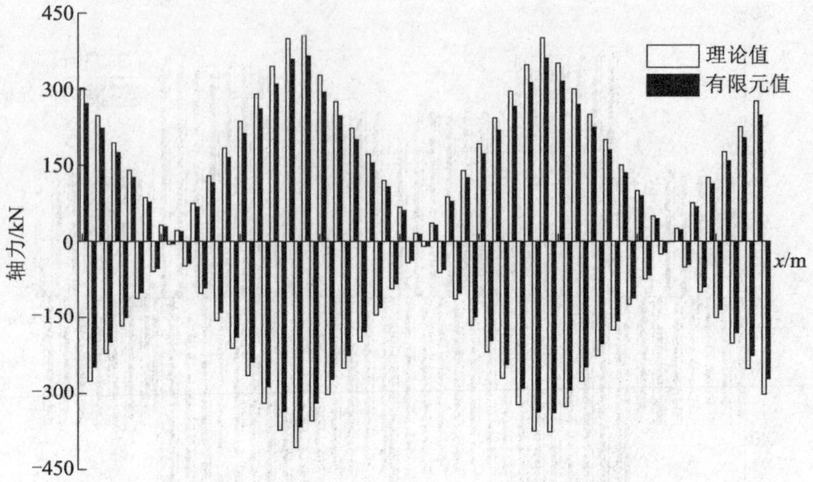

图 3.31　满跨均布荷载下斜腹杆的轴力比较

从图 3.31 可以看出,满跨均布荷载作用下,组合桁腹连续梁桥的斜腹杆的轴力理论值与有限元值拟合较好,趋势相互接近,且误差较小。

综上所述,在三种荷载作用下,本书的斜腹杆理论值与有限元值在结果上比较相近,在斜腹杆尺寸相同的情况下,实际设计中选取受力较大的那根斜腹杆轴力作为设计值,以此确保工程安全、高效。

3.5.6　竖向挠度验证

(1) 中跨跨中集中荷载

中跨跨中集中荷载下,底板竖向挠度理论值与有限元值对比如图 3.32 所示。

从图 3.32 可以看出,中跨跨中集中荷载作用下,组合桁腹连续梁桥的竖向挠度理论值与有限元值在趋势和数值上比较接近。由于桥体是结构对称的,因此只计算和比较半跨的挠度。如图 3.32 所示,绝对误差的范围在 0~0.6 mm,较大的误差主要出现在荷载作用点处,说明本书计算公式精度较高。

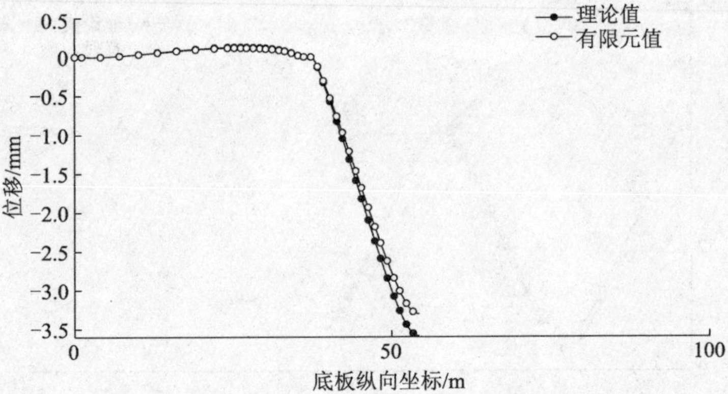

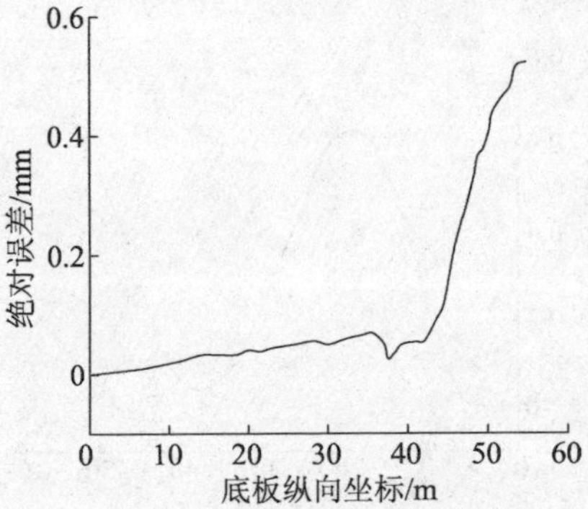

图 3. 32　中跨跨中集中荷载下底板竖向挠度理论值与有限元值对比

(2) 每跨跨中集中荷载

每跨跨中集中荷载下,底板竖向挠度理论值与有限元值对比如图 3. 33 所示。

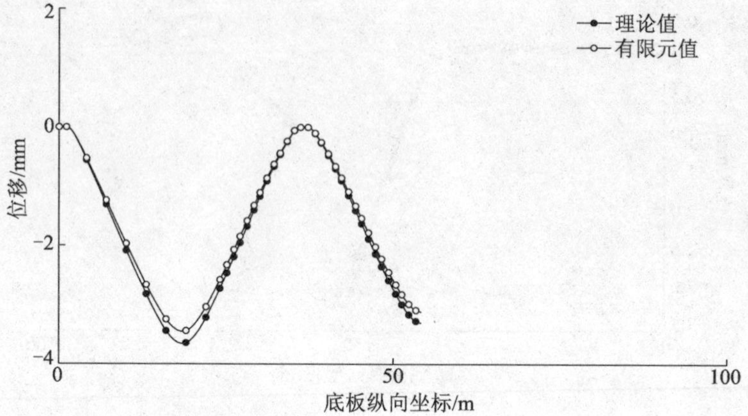

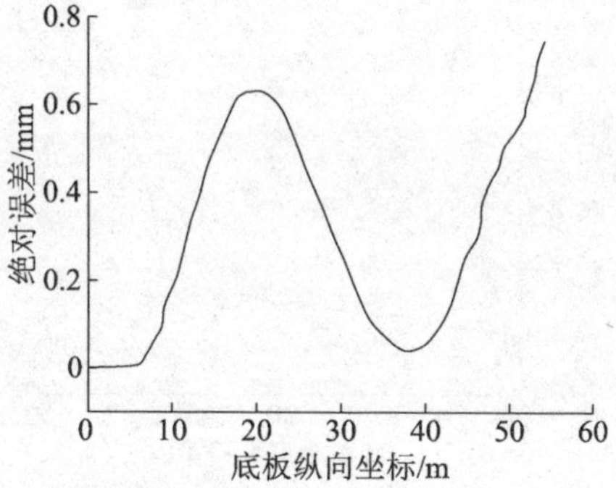

图 3.33　每跨跨中集中荷载下底板竖向挠度理论值与有限元值对比

从图 3.33 可以看出，每跨跨中集中荷载作用下，组合桁腹连续梁桥的竖向挠度理论值与有限元值在趋势和数值上比较接近。由于桥体是结构对称的，因此只计算和比较半跨的挠度。如图 3.33 所示，绝对误差的范围在 0～0.78 mm，较大的误差主要出现在荷载作用点处，说明本书计算公式精度较高。

（3）满跨均布荷载

满跨均布荷载下，底板竖向挠度理论值与有限元值对比如图 3.34 所示。

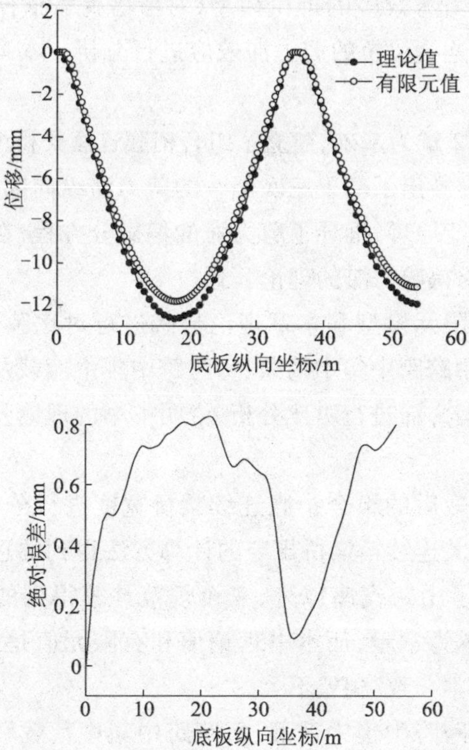

图 3.34　满跨均布荷载下底板竖向挠度理论值与有限元值对比

从图 3.34 可以看出，满跨均布荷载作用下，组合桁腹连续梁桥的竖向挠度理论值与有限元值在趋势和数值上比较接近。由于桥体是结构对称的，因此只计算和比较半跨的挠度。如图 3.34 所示，绝对误差的范围在 0~0.85 mm，较大的误差主要出现在荷载作用点处，说明本书计算公式精度较高。

3.6　本章小结

本章基于组合桁腹连续梁桥等效为薄壁箱梁的分析的结论，在薄壁梁剪滞理论的基础上，辅以能量变分原理，建立基于组合桁腹连续梁桥剪力滞效应的理论模型,对考虑荷载横向作用位置影响的组合桁腹连续梁桥的剪力滞效应进行分析。本章主要内容有以下几点:

(1) 以第2章为基础,建立了组合桁腹连续梁桥的剪力滞分析的理论模型,推导出了基于三次函数的剪力滞纵向翘曲位移函数,并结合最小势能原理,推导了剪力滞的偏微分方程,在确定各支座边界条件后,求得剪力滞的理论公式。

(2) 将有限元模型和本章理论公式进行对比验证,主要对三种典型荷载(中跨跨中集中荷载、每跨跨中集中荷载及满跨均布荷载)作用下的剪力滞进行对比分析,说明本书的理论公式具有较高的精度。

(3) 对等效后的组合桁腹连续梁桥宽度进行分析,比较参照不同规范中有关连续箱梁桥规定的计算方法得到的理论值与有限元值,发现除了中跨支座以外,三个规范计算得到的有效宽度系数,顺桥向基本为常量,而本书理论值和有限元值是一个变量,但趋势和数值基本一致,相差不大。

(4) 以中跨跨中集中荷载、每跨跨中集中荷载和满跨均布荷载作用下的三跨连续梁体系为基础,对组合桁腹连续梁桥等效前后的剪力滞效应进行研究,并分析不同加载位置对剪力滞效应的影响。在中跨跨中支座处,均布荷载的剪力滞系数较集中荷载偏小一些;在相同荷载作用下,组合桁腹连续梁桥跨中截面顶板的剪力滞系数峰峰值大于支座截面底板的剪力滞系数峰峰值。

第4章 组合桁腹连续梁桥剪切性能研究

组合桁腹连续梁桥在荷载作用下,除了对其进行整体分析外,还应考虑局部荷载的影响。荷载作用于顶板,除直接受荷载部分发生横向弯曲外,还会使得其他部分发生横向弯曲,从而产生横向弯曲正应力和与之对应的剪应力。为进一步计算组合桁腹连续梁桥在弯曲时的剪应力,本章以等效箱梁截面上任意一微元为单位体,分析其在不同荷载条件下的剪应力大小及分布规律,再从抗剪分配率进行研究,最后以有限元实桥模型作为对比进行验证。

4.1 剪应力微分方程的建立与求解

4.1.1 基本假定

组合桁腹连续梁桥为组合结构桥梁,结构不连续,无法直接通过微分方程分析求解,因此以等效箱梁进行分析。为便于计算和分析等效箱梁截面上剪应力的大小与分布,箱梁在弯曲时需要满足以下假设条件:

(1) 截面符合平截面假定;

(2) 顶板和底板共同承受剪力与弯矩;

(3) 顶板和底板的变形曲率一致;

(4) 顶板和底板的轴力始终平衡;

(5) 剪应力沿壁厚均匀分布。

4.1.2 微分段分析

在截面任意一点处选取一段微元进行分析，如图 4.1 所示。图中，q 为广义作用荷载；N_f 为混凝土顶板和底板的轴力；Q_u，Q_w，Q_l 分别为混凝土顶板、腹板和底板所承担的剪力；M_u，M_l 分别为顶板和底板所受弯矩；τ 为原斜腹杆与混凝土交界处等效后的纵向剪切应力；t_c 为等效混凝土腹板厚度；E，G 分别为混凝土的弹性模量和剪切模量。

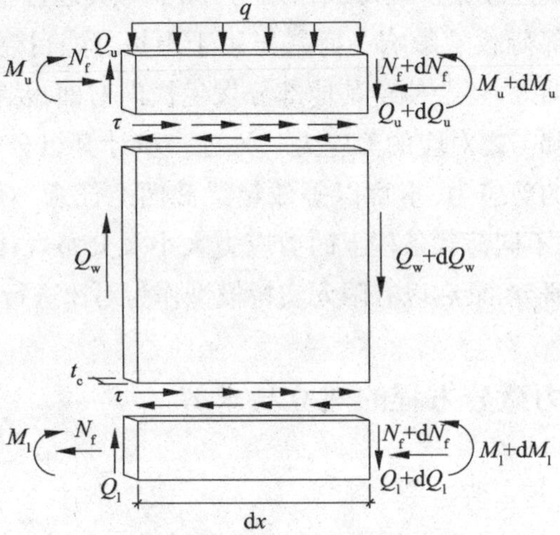

图 4.1　微元段受力图

取混凝土顶板进行分析，根据轴力平衡可得

$$\sum N = t_c \tau \mathrm{d}x - \mathrm{d}N_u = 0 \tag{4.1}$$

变形得到

$$\frac{\mathrm{d}N_u}{\mathrm{d}x} = t_c \tau \tag{4.2}$$

根据弯矩平衡可得

$$\mathrm{d}M_u - Q_u \mathrm{d}x + \frac{1}{2} t_c t_u \tau \mathrm{d}x = 0 \tag{4.3a}$$

$$dM_l - Q_l dx + \frac{1}{2} t_c t_l \tau dx = 0 \tag{4.3b}$$

式中：t_c，t_u，t_l 分别是等效混凝土腹板厚度的两倍、混凝土顶板厚度和混凝土底板厚度。

进一步可得

$$\frac{dM_u}{dx} = Q_u - \frac{1}{2} t_c t_u \tau \tag{4.4a}$$

$$\frac{dM_l}{dx} = Q_l - \frac{1}{2} t_c t_l \tau \tag{4.4b}$$

根据微元整体弯矩平衡方程 $\sum M = 0$ 有

$$dM_u + dM_l + \left(\frac{t_u}{2} + h_w + \frac{t_l}{2}\right) dN_u - (Q_u + dQ_u + Q_w + dQ_w + Q_l + dQ_l) dx - \frac{q}{2} d^2 x = 0 \tag{4.5}$$

将式(4.3a)和式(4.3b)代入式(4.5)得

$$Q_w = h_w \frac{dN_f}{dx} \tag{4.6}$$

将式(4.2)代入式(4.6)得

$$Q_w = t_c h_w \tau \tag{4.7}$$

由竖向力平衡可得

$$dQ_u + dQ_w + dQ_l + q dx = 0 \tag{4.8}$$

则

$$Q_u + Q_w + Q_l = Q_0 - \int q dx \tag{4.9}$$

式中：Q_0 是跨度方向的剪力函数。

作用在腹板上的剪切应力 τ 的计算公式如下：

$$\tau = G_c \gamma = G_c \left(\frac{u_l - u_u}{h_w} + \frac{dw}{dx}\right) \tag{4.10}$$

式中：u_u 为混凝土顶板的顺桥向轴向水平位移；u_l 为混凝土底板的顺桥向轴向水平位移；w 为组合桁腹梁桥竖向变形。这里假设等效后的混凝土腹板的水平变形沿高度方向线性变化。

对式(4.11)求导可得

$$\frac{\mathrm{d}\tau}{\mathrm{d}x}=G_{\mathrm{c}}\left[\frac{1}{h_{\mathrm{w}}}\left(\frac{\mathrm{d}u_{\mathrm{l}}}{\mathrm{d}x}-\frac{\mathrm{d}u_{\mathrm{u}}}{\mathrm{d}x}\right)+\frac{\mathrm{d}^2w}{\mathrm{d}x^2}\right] \tag{4.11}$$

则

$$\frac{\mathrm{d}\tau}{\mathrm{d}x}\approx G_{\mathrm{c}}\left\{\frac{1}{h_{\mathrm{w}}}(\varepsilon_{\mathrm{l}}-\varepsilon_{\mathrm{u}})+\frac{1}{2}\left[\left(\frac{\mathrm{d}^2w}{\mathrm{d}x^2}\right)_{\mathrm{u}}+\left(\frac{\mathrm{d}^2w}{\mathrm{d}x^2}\right)_{\mathrm{l}}\right]\right\} \tag{4.12}$$

其中,

$$\varepsilon_{\mathrm{u}}=-\frac{N_{\mathrm{u}}}{E_{\mathrm{c}}A_{\mathrm{u}}}+\frac{M_{\mathrm{u}}t_{\mathrm{u}}}{2E_{\mathrm{c}}I_{\mathrm{u}}},\ \varepsilon_{\mathrm{l}}=-\frac{N_{\mathrm{u}}}{E_{\mathrm{c}}A_{\mathrm{l}}}+\frac{M_{\mathrm{l}}t_{\mathrm{l}}}{2E_{\mathrm{c}}I_{\mathrm{l}}} \tag{4.13}$$

$$\left(\frac{\mathrm{d}^2w}{\mathrm{d}x^2}\right)_{\mathrm{u}}=-\frac{M_{\mathrm{u}}}{E_{\mathrm{c}}I_{\mathrm{u}}},\ \left(\frac{\mathrm{d}^2w}{\mathrm{d}x^2}\right)_{\mathrm{l}}=-\frac{M_{\mathrm{l}}}{E_{\mathrm{c}}I_{\mathrm{l}}} \tag{4.14}$$

将式(4.13)和式(4.14)代入式(4.12)得

$$\frac{\mathrm{d}\tau}{\mathrm{d}x}=\frac{G_{\mathrm{c}}}{h_{\mathrm{w}}}\left[\left(\frac{1}{E_{\mathrm{c}}A_{\mathrm{u}}}+\frac{1}{E_{\mathrm{c}}A_{\mathrm{l}}}\right)N_{\mathrm{u}}-\frac{h_{\mathrm{w}}+t_{\mathrm{u}}}{2E_{\mathrm{c}}I_{\mathrm{u}}}M_{\mathrm{u}}-\frac{h_{\mathrm{w}}+t_{\mathrm{l}}}{2E_{\mathrm{c}}I_{\mathrm{l}}}M_{\mathrm{l}}\right] \tag{4.15}$$

$$\frac{\mathrm{d}^2\tau}{\mathrm{d}x^2}=\frac{G_{\mathrm{c}}}{h_{\mathrm{w}}}\left[\left(\frac{1}{E_{\mathrm{c}}A_{\mathrm{u}}}+\frac{1}{E_{\mathrm{c}}A_{\mathrm{l}}}\right)\frac{\mathrm{d}N_{\mathrm{u}}}{\mathrm{d}x}-\frac{h_{\mathrm{w}}+t_{\mathrm{u}}}{2E_{\mathrm{c}}I_{\mathrm{u}}}\frac{\mathrm{d}M_{\mathrm{u}}}{\mathrm{d}x}-\frac{h_{\mathrm{w}}+t_{\mathrm{l}}}{2E_{\mathrm{c}}I_{\mathrm{l}}}\frac{\mathrm{d}M_{\mathrm{l}}}{\mathrm{d}x}\right] \tag{4.16}$$

根据本书假设,混凝土顶板、底板的弯曲曲率相等,则

$$\left(\frac{\mathrm{d}^2w}{\mathrm{d}x^2}\right)_{\mathrm{u}}=\left(\frac{\mathrm{d}^2w}{\mathrm{d}x^2}\right)_{\mathrm{l}} \tag{4.17}$$

则

$$\frac{M_{\mathrm{u}}}{I_{\mathrm{u}}}=\frac{M_{\mathrm{l}}}{I_{\mathrm{l}}} \tag{4.18}$$

将式(4.18)代入式(4.16)得

$$\frac{\mathrm{d}^2\tau}{\mathrm{d}x^2}=\frac{G_{\mathrm{c}}}{h_{\mathrm{w}}}\left[\left(\frac{1}{E_{\mathrm{c}}A_{\mathrm{u}}}+\frac{1}{E_{\mathrm{c}}A_{\mathrm{l}}}\right)\frac{\mathrm{d}N_{\mathrm{u}}}{\mathrm{d}x}-\frac{2h_{\mathrm{w}}+t_{\mathrm{u}}+t_{\mathrm{l}}}{2E_{\mathrm{c}}I_{\mathrm{u}}}\frac{\mathrm{d}M_{\mathrm{u}}}{\mathrm{d}x}\right] \tag{4.19}$$

将式(4.2)和式(4.4a)代入式(4.19)得

$$\frac{\mathrm{d}^2\tau}{\mathrm{d}x^2}=\frac{G_{\mathrm{c}}}{h_{\mathrm{w}}}\left[\left(\frac{1}{E_{\mathrm{c}}A_{\mathrm{u}}}+\frac{1}{E_{\mathrm{c}}A_{\mathrm{l}}}\right)t_{\mathrm{c}}\tau-\frac{2h_{\mathrm{w}}+t_{\mathrm{u}}+t_{\mathrm{l}}}{2E_{\mathrm{c}}I_{\mathrm{u}}}\left(Q_{\mathrm{u}}-\frac{1}{2}t_{\mathrm{c}}t_{\mathrm{u}}\tau\right)\right] \tag{4.20}$$

将式(4.18)代入式(4.4)得

$$Q_1=\frac{I_1}{I_u}Q_u+\frac{1}{2}t_c\tau\left(t_1-\frac{I_1}{I_u}t_u\right) \tag{4.21}$$

将式(4.7)和式(4.21)代入式(4.9)可以得到作用在混凝土顶板剪力,其计算公式如下:

$$Q_u=\frac{I_u}{I_u+I_1}\left\{Q_0-\int q\mathrm{d}x-t_c\tau\left(-\frac{I_1}{2I_u}t_u+h_w+\frac{1}{2}t_1\right)\right\} \tag{4.22}$$

将式(4.22)代入式(4.20),经过处理可以得到

$$\frac{\mathrm{d}^2\tau}{\mathrm{d}x^2}-K^2\tau=C\left(Q_0-\int q\mathrm{d}x\right) \tag{4.23}$$

其中,

$$\begin{cases} K=\sqrt{\dfrac{G_c t_c}{E_c h_w}\left[\dfrac{A_u+A_1}{A_uA_1}+\dfrac{(t_u+2h_w+t_1)^2}{4(I_u+I_1)}\right]} \\ C=-\dfrac{t_u+2h_w+t_1}{2(I_u+I_1)}\dfrac{G_c}{e_c h_w} \end{cases} \tag{4.24}$$

4.1.3　剪应力理论计算

组合桁腹连续梁桥属于超静定结构,它是具有多余约束的几何不变体系,在内力计算时会十分复杂,本书以《建筑结构静力计算手册(第二版)》中不等跨等截面连续梁的相关计算公式作为理论基础,这样可以在保证内力计算准确的同时简化运算。表 4.1 给出了支座虚反力计算公式,表 4.2 给出了三跨不等跨等截面连续梁支座弯矩计算公式,表 4.3 给出了连续梁梁跨内最大弯矩计算公式。

表 4.1　支座虚反力计算公式

实际荷载图	计算公式
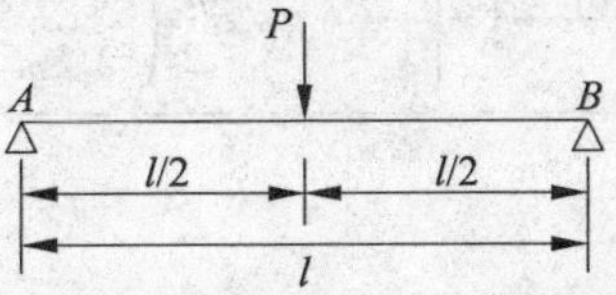	$\Omega=\frac{1}{8}Pl^2$ $A^\phi=B^\phi=\frac{1}{16}Pl^2$

续表

实际荷载图	计算公式
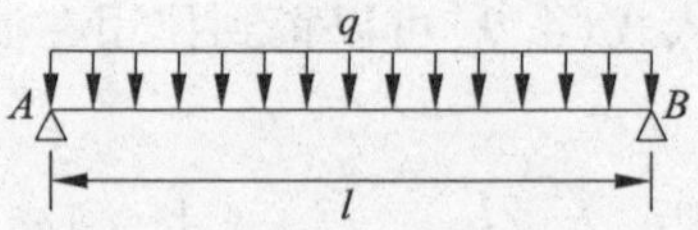	$\Omega=\frac{1}{12}ql^3$ $A^{\phi}=B^{\phi}=\frac{1}{24}ql^3$

符号说明如下：

Ω——简支梁弯矩图的面积，即虚荷载总值；

A^{ϕ}——虚梁左端支座 A 的虚反力，相应于简支实梁的 $EI\theta_A$；

B^{ϕ}——虚梁右端支座 B 的虚反力，相应于简支实梁的 $EI\theta_B$。

表 4.2　三跨不等跨等截面连续梁支座弯矩计算公式

简图	计算用系数		支座弯矩计算公式
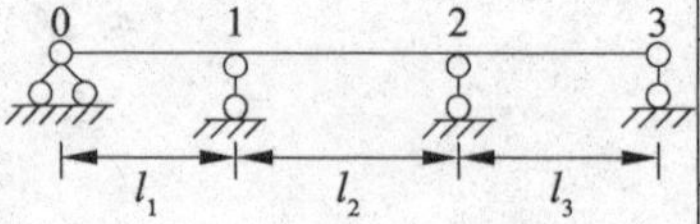	$k_1=2(l_1+l_2)$	$a_1=\frac{k_2}{k_3}$	$M_1=-a_1N_1+a_2N_2$ $M_2=a_2N_1-a_3N_2$
	$k_2=2(l_2+l_3)$	$a_2=\frac{l_2}{k_3}$	
	$k_3=k_1k_2-l_2^2$	$a_3=\frac{k_1}{k_3}$	

注：$N_i=6(B_i^{\phi}+A_{i+1}^{\phi})$。

表 4.3　连续梁梁跨内最大弯矩计算公式

	单跨荷载形式	最大弯矩计算公式
边跨	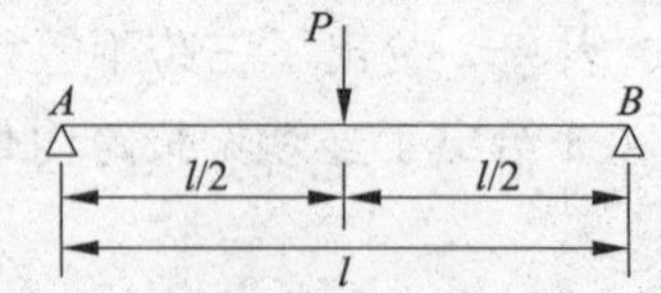	当 $\lvert M_B\rvert\leqslant\frac{Pl}{2}$ 时， $M_C=\frac{1}{2}\left(\frac{Pl}{2}-M_B\right)$
	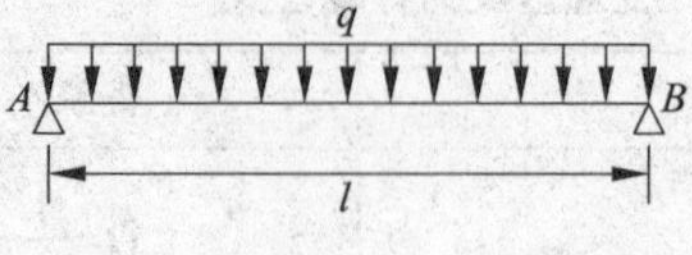	当 $\lvert M_B\rvert\leqslant\frac{ql^2}{2}$ 时， $M_C=\frac{ql^2}{2}\left(\frac{1}{2}-\frac{M_B}{ql^2}\right)^2$

续表

	单跨荷载形式	最大弯矩计算公式
中跨	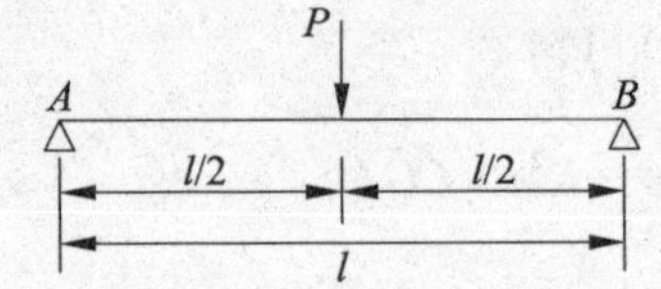	当 $\lvert M_B-M_A \rvert \leqslant \dfrac{Pl}{2}$ 时，$M_C=\dfrac{Pl}{4}-\dfrac{M_A+M_B}{2}$
	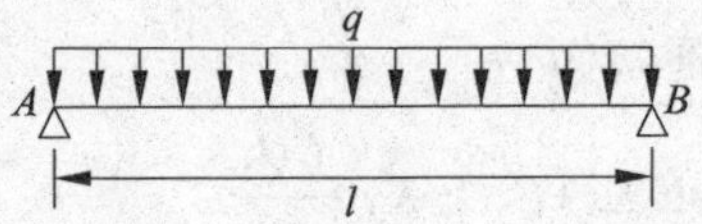	当 $\lvert M_B-M_A \rvert \leqslant \dfrac{ql^2}{2}$ 时，$M_C=\dfrac{q}{2}\left(\dfrac{l}{2}-\dfrac{M_B-M_A}{ql}\right)^2-M_A$

（1）中跨跨中集中荷载

将实际模型简化为图 4.2 所示的等截面连续梁，跨中承受一集中荷载 P。根据本书模型，$l_1=l_3=\dfrac{l_2}{1.64}$，可令 $l_1=l_3=\dfrac{l_2}{1.64}=l$。

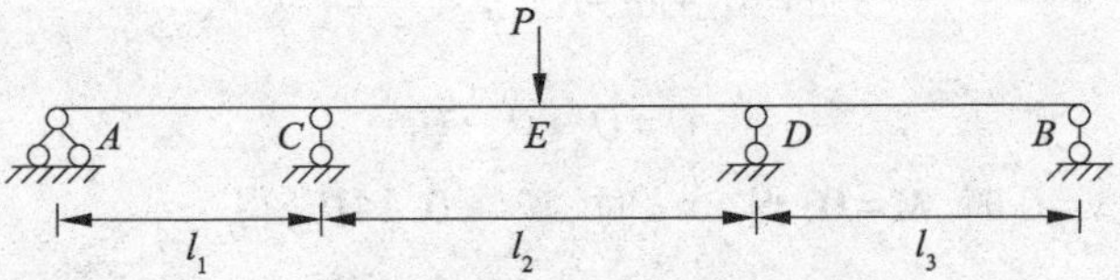

图 4.2　三跨连续梁作用中跨跨中集中荷载

第一、第三跨中因没有集中力，$A_1^{\phi}=A_3^{\phi}=B_1^{\phi}=B_3^{\phi}=0$；第二跨中，$A_2^{\phi}=B_2^{\phi}=\dfrac{1}{16}Pl_2^2$，则 $M_C=-0.14Pl$，$M_D=-0.14Pl$，$M_E=0.11Pl$。

在 AC 段时，$0\leqslant x\leqslant l$，剪力 $Q_1(x)=-0.14P$，对剪力进行不定积分可得弯矩 $M_1(x)=-0.14Px+C$，已知边界条件 $x=l$ 时，$M_C=-0.14Pl$，故 $C=0$，则

$$\begin{cases} Q_1(x)=-0.14P \\ M_1(x)=-0.14Px \end{cases}$$

同理，在 CE 段时，$l\leqslant x\leqslant 1.82l$，则

$$\begin{cases}Q_2(x)=0.305P\\M_2(x)=0.305Px-0.445Pl\end{cases}$$

对于 AC 段,由式(4.23)可得

$$\frac{\mathrm{d}^2\tau}{\mathrm{d}x^2}-K^2\tau=CQ_1$$

对于给定的材料和截面尺寸,K 和 C 是常数,$Q_1=-0.14P$,故该二阶常系数微分方程的通解为

$$\tau=C_1\mathrm{sh}\ Kx+C_2\mathrm{ch}\ Kx-\frac{CQ_1}{K^2}$$

将上式代入式(4.2)并积分可得

$$N_\mathrm{u}=t_\mathrm{c}\left(\frac{C_2}{K}\mathrm{sh}\ Kx-\frac{CQ_1}{K^2}x\right)$$

截面弯矩 M 与剪力 Q 的计算公式为

$$M=M_\mathrm{u}+M_1+N_\mathrm{u}\left(h_\mathrm{w}+\frac{t_\mathrm{u}}{2}+\frac{t_1}{2}\right)$$

$$Q=Q_\mathrm{u}+Q_\mathrm{w}+Q_1$$

当 $x=0$ 时,$M=0$;当 $x=l$ 时,$M=-0.14Pl$,得

$$C_1=0,C_2=\frac{l}{\mathrm{sh}\ lK}\cdot\frac{CQ_1}{K}$$

即

$$\tau=\frac{ClQ_1\mathrm{ch}\ Kx}{K\mathrm{sh}\ lK}-\frac{CQ_1}{K^2}$$

式中:$K=\sqrt{\frac{G_\mathrm{c}t_\mathrm{c}}{E_\mathrm{c}h_\mathrm{w}}\left[\frac{A_\mathrm{u}+A_1}{A_\mathrm{u}A_1}+\frac{(t_\mathrm{u}+2h_\mathrm{w}+t_1)^2}{4(I_\mathrm{u}+I_1)}\right]}$;$C=-\frac{t_\mathrm{u}+2h_\mathrm{w}+t_1}{2(I_\mathrm{u}+I_1)}\frac{G_\mathrm{c}}{E_\mathrm{c}h_\mathrm{w}}$;$Q_1=-0.14P$。

同理,在 CE 段时,$l\leqslant x\leqslant 1.82l$,$\tau=ClQ_2\ \frac{\mathrm{ch}\ Kx}{\mathrm{sh}\ lK}-\frac{CQ_2}{K^2}$

式中:$K=\sqrt{\frac{G_\mathrm{c}t_\mathrm{c}}{E_\mathrm{c}h_\mathrm{w}}\left[\frac{A_\mathrm{u}+A_1}{A_\mathrm{u}A_1}+\frac{(t_\mathrm{u}+2h_\mathrm{w}+t_1)^2}{4(I_\mathrm{u}+I_1)}\right]}$;$C=-\frac{t_\mathrm{u}+2h_\mathrm{w}+t_1}{2(I_\mathrm{u}+I_1)}\frac{G_\mathrm{c}}{E_\mathrm{c}h_\mathrm{w}}$;

$Q_2=0.305P$。

ED 段和 DB 段根据结构对称性可求得。此外,还可以算出等效腹板承担的剪力 $Q_w=t_c h_w \tau$。

由剪力分配率 $\psi=\dfrac{\text{等效腹板剪力}}{\text{截面总剪力}}$可得,中跨跨中集中荷载的剪力分配率为

$$\psi=\frac{2A_u A_l h_w(t_u+2h_w+t_l)}{4(A_u+A_l)(I_u+I_l)+A_u A_l(t_u+h_w+t_l)^2}\left(1-Kl\frac{\operatorname{ch}Kx}{\operatorname{sh}Kl}\right)$$

(2) 每跨跨中集中荷载

将实际模型简化为图4.3所示的等截面连续梁,每跨跨中承受一集中荷载 P。根据本书模型,$l_1=l_3=\dfrac{l_2}{1.64}$,令 $l_1=l_3=\dfrac{l_2}{1.64}=l$,故 $A_1^{\phi}=B_1^{\phi}=\dfrac{1}{16}Pl_1^2$,$A_2^{\phi}=B_2^{\phi}=\dfrac{1}{16}Pl_2^2$,$A_3^{\phi}=B_3^{\phi}=\dfrac{1}{16}Pl_3^2$,则 $M_C=-0.2915Pl$,$M_D=-0.2915Pl$,$M_F=0.3958Pl$,$M_E=0.5415\ Pl$。

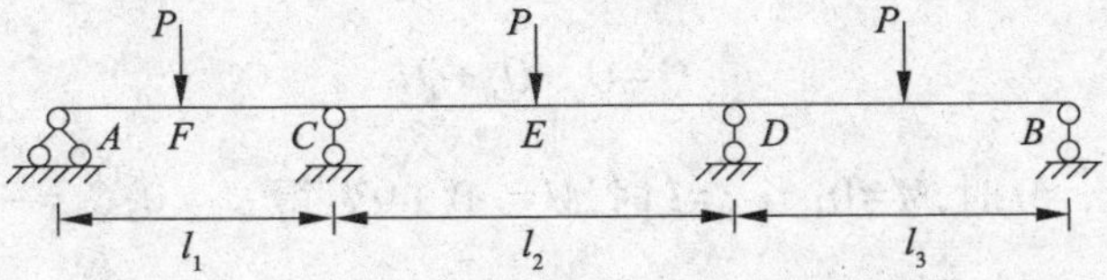

图4.3 三跨连续梁作用每跨跨中集中荷载

在 AF 段时,$0\leqslant x\leqslant\dfrac{1}{2}l$,剪力 $Q_1(x)=-0.3958P$,对剪力进行不定积分可得弯矩 $M_1(x)=-0.3958Px+C$,已知边界条件 $x=0$ 时,$M_A=0$,故 $C=0$,则

$$\begin{cases}Q_1(x)=-0.3958P\\M_1(x)=-0.3958Px\end{cases}$$

同理,在 FC 段时,$\dfrac{1}{2}l\leqslant x\leqslant l$,则

$$\begin{cases}Q_2(x)=0.291\ 5P\\M_2(x)=0.291\ 5Px-0.583Pl\end{cases}$$

同理,在 CE 段时,$l\leqslant x\leqslant 1.82l$,则

$$\begin{cases}Q_3(x)=-0.541\ 5P\\M_3(x)=-0.541\ 5Px+1.527Pl\end{cases}$$

对于 AF 段,$\dfrac{\mathrm{d}^2\tau}{\mathrm{d}x^2}-K^2\tau=CQ_1$。对于给定的材料和截面尺寸,$K$ 和 C 是常数,$Q_1=-0.395\ 8P$,故该二阶常系数微分方程的通解为 $\tau=C_1\mathrm{sh}\ Kx+C_2\mathrm{ch}\ Kx-\tau_0$。

将这一通解代入式(4.2)并积分可得

$$N_\mathrm{u}=t_\mathrm{c}\left(\frac{C_2}{K}\mathrm{sh}\ Kx+\tau_0 x\right)$$

截面弯矩 M 与剪力 Q 的计算公式为

$$M=M_\mathrm{u}+M_1+N_\mathrm{u}\left(h_\mathrm{w}+\frac{t_\mathrm{u}}{2}+\frac{t_1}{2}\right)$$

$$Q=Q_\mathrm{u}+Q_\mathrm{w}+Q_1$$

当 $x=0$ 时,$M=0$;当 $x=l$ 时,$M=-0.14Pl$,得 $C_1=0$,$C_2=-\dfrac{lK}{\mathrm{sh}\ lK}\tau_0$,$\tau_0=-\dfrac{CQ_1}{K^2}$,即

$$\tau=-\tau_0 lK\frac{\mathrm{ch}\ Kx}{\mathrm{sh}\ lK}-\frac{CQ_1}{K^2}$$

式中:$K=\sqrt{\dfrac{G_\mathrm{c}t_\mathrm{c}}{E_\mathrm{c}h_\mathrm{w}}\left[\dfrac{A_\mathrm{u}+A_1}{A_\mathrm{u}A_1}+\dfrac{(t_\mathrm{u}+2h_\mathrm{w}+t_1)^2}{4(I_\mathrm{u}+I_1)}\right]}$;$C=-\dfrac{t_\mathrm{u}+2h_\mathrm{w}+t_1}{2(I_\mathrm{u}+I_1)}\dfrac{G_\mathrm{c}}{E_\mathrm{c}h_\mathrm{w}}$;$Q_1=-0.395\ 8P$。

同理,在 FC 段时,$\dfrac{1}{2}l\leqslant x\leqslant l$,$\tau=-\tau_0 lK\dfrac{\mathrm{ch}\ Kx}{\mathrm{sh}\ lK}-\dfrac{CQ_2}{K^2}$。

式中：$K=\sqrt{\dfrac{G_c t_c}{E_c h_w}\left[\dfrac{A_u+A_l}{A_u A_l}+\dfrac{(t_u+2h_w+t_l)^2}{4(I_u+I_l)}\right]}$；$C=-\dfrac{t_u+2h_w+t_l}{2(I_u+I_l)}\dfrac{G_c}{E_c h_w}$；$Q_2=0.291\ 5P$。

同理，在 CE 段时，$l\leqslant x\leqslant 1.82l$，$\tau=-\tau_0 lK\dfrac{\operatorname{ch}Kx}{\operatorname{sh}lK}-\dfrac{CQ_3}{K^2}$。

式中：$K=\sqrt{\dfrac{G_c t_c}{E_c h_w}\left[\dfrac{A_u+A_l}{A_u A_l}+\dfrac{(t_u+2h_w+t_l)^2}{4(I_u+I_l)}\right]}$；$C=-\dfrac{t_u+2h_w+t_l}{2(I_u+I_l)}\dfrac{G_c}{E_c h_w}$；$Q_3=-0.541\ 5P$。

ED 段和 *DB* 段可根据结构对称性求得。此外，还可以算出等效腹板承担的剪力为 $Q_w=t_c h_w \tau$。

由剪力分配率 $\psi=\dfrac{\text{等效腹板剪力}}{\text{截面总剪力}}$可得，每跨跨中集中荷载的剪力分配率为

$$\psi=\frac{2A_u A_l h_w(t_u+2h_w+t_l)}{4(A_u+A_l)(I_u+I_l)+A_u A_l(t_u+h_w+t_l)^2}\left(1-Kl\frac{\operatorname{ch}Kx}{\operatorname{sh}Kl}\right)$$

（3）满跨均布荷载

将实际模型简化为图 4.4 所示的等截面连续梁，受满跨均布荷载 q 的作用。根据本书模型，$l_1=l_3=\dfrac{l_2}{1.64}$，不妨令 $l_1=l_3=\dfrac{l_2}{1.64}=l$，故 $A_1^\phi=B_1^\phi=\dfrac{1}{24}Pl_1^3$，$A_2^\phi=B_2^\phi=\dfrac{1}{24}Pl_2^3$，$A_3^\phi=B_3^\phi=\dfrac{1}{24}Pl_3^3$，则 $M_C=-0.195\ 5ql^2$，$M_D=-0.195\ 5ql^2$，$M_E=0.32ql^2$；$V_A=0.322\ 7ql$，$V_{C左}=-0.787\ 3ql$，$V_{C右}=0.876\ 1ql$，$V_E=0$。

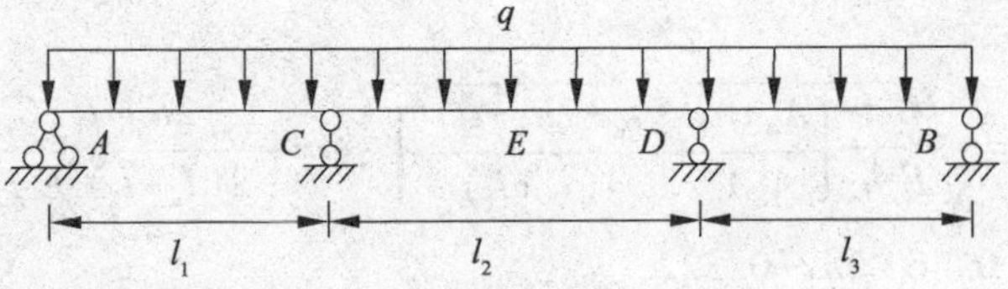

图 4.4　三跨连续梁作用满跨均布荷载

在 AC 段时，$0\leqslant x\leqslant l$，$Q_1(x)=0.464\ 6qx+0.322\ 7ql$。

同理，在 CE 段时，$l\leqslant x\leqslant 1.82l$，$Q_2(x)=-1.044qx+1.9ql$。

对于 AC 段，由式(4.23)可得

$$\frac{\mathrm{d}^2\tau}{\mathrm{d}x^2}-K^2\tau=CQ_1$$

对于给定的材料和截面尺寸，$Q_1(x)=0.464\ 6qx+0.322\ 7ql$，$K$ 和 C 是常数，故该二阶常系数微分方程的通解为

$$\tau=C_1\mathrm{sh}\ Kx+C_2\mathrm{ch}\ Kx-\frac{C}{K^2}\left(Q_1-\int q\mathrm{d}x\right)$$

当 $x=0$ 时，$M_A=0$；当 $x=l$ 时，$M_C=-0.195\ 5ql^2$，得

$$C_1K-\frac{C}{K^2}q=0$$

$$C_1K\mathrm{ch}\ Kl+C_2K\mathrm{sh}\ Kl-\frac{C}{K^2}(0.464\ 6qx+0.322\ 7ql-q)=0$$

则

$$C_1=\frac{Cq}{K^3},C_2=\frac{\dfrac{C}{K^2}(0.464\ 6qx+0.322\ 7ql-q)-\dfrac{Cq}{K^2}\mathrm{ch}\ Kl}{K\mathrm{sh}\ Kl}$$

即

$$\tau=\frac{Cq}{K^3}\mathrm{sh}\ Kx+\frac{\dfrac{C}{K^2}(0.464\ 6qx+0.322\ 7ql-q)-\dfrac{Cq}{K^2}\mathrm{ch}\ Kl}{K\mathrm{sh}\ Kl}\mathrm{ch}\ Kx-\frac{C}{K^2}\left(Q_1-\int q\mathrm{d}x\right)$$

式中：$K=\sqrt{\dfrac{G_\mathrm{c}t_\mathrm{c}}{E_\mathrm{c}h_\mathrm{w}}\left[\dfrac{A_\mathrm{u}+A_\mathrm{l}}{A_\mathrm{u}A_\mathrm{l}}+\dfrac{(t_\mathrm{u}+2h_\mathrm{w}+t_\mathrm{l})^2}{4(I_\mathrm{u}+I_\mathrm{l})}\right]}$；$C=-\dfrac{t_\mathrm{u}+2h_\mathrm{w}+t_\mathrm{l}}{2(I_\mathrm{u}+I_\mathrm{l})}\dfrac{G_\mathrm{c}}{E_\mathrm{c}h_\mathrm{w}}$；$Q_1(x)=0.464\ 6qx+0.322\ 7ql$。

同理，在 CE 段时，$l\leqslant x\leqslant 1.82l$，

$$\tau=-\left(\frac{\begin{matrix}\text{ch}1.64Kl\times 0.8761qlC-\\ Cq\text{ch }1.64Kl+Cq\text{ch }Kl\end{matrix}}{\begin{matrix}K^2\text{sh }Kl\text{ch }1.64Kl-\\ K^2\text{ch }Kl\text{sh }1.64Kl\end{matrix}}\cdot\frac{\text{sh }1.64Kl}{\text{ch }1.64Kl}+\frac{Cq}{K^2\text{ch }Kl}\right)\text{sh }Kx+$$

$$\frac{\text{ch }1.64Kl\times 0.8761qlC-Cq\text{ch }1.64Kl+Cq\text{ch }Kl}{K^2\text{sh }Kl\text{ch }1.64Kl-K^2\text{ch }Kl\text{sh }1.64Kl}\text{ch }Kx-$$

$$\frac{C}{K^2}\left(Q_2-\int q\text{d}x\right)$$

式中：$K=\sqrt{\frac{G_c t_c}{E_c h_w}\left[\frac{A_u+A_l}{A_u A_l}+\frac{(t_u+2h_w+t_l)^2}{4(I_u+I_l)}\right]}$；$C=-\frac{t_u+2h_w+t_l}{2(I_u+I_l)}\frac{G_c}{E_c h_w}$；$Q_2(x)=-1.044qx+1.9ql$。

ED 段和 DB 段可根据结构对称性求得。此外，还可以算出等效腹板承担的剪力 $Q_w=t_c h_w \tau$。

由剪力分配率 $\psi=\frac{\text{等效腹板剪力}}{\text{截面总剪力}}$ 可得，满跨均布荷载的剪力分配率为

$$\psi=\frac{t_c h_w \tau}{Q_0-\int q\text{d}x}$$

4.2　有限元分析与验算

如图 4.5 所示，本章模型与前两章一致，施加荷载形式仍为三种，即中跨跨中集中荷载、每跨跨中集中荷载和满跨均布荷载，主要工作是根据有限元计算得到的斜腹板和混凝土板剪力数值计算剪力分配率，再与本书理论值进行比较。

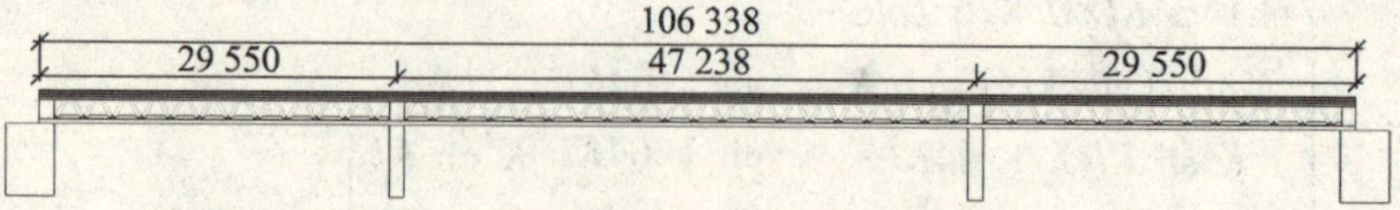

(a) 连续梁桥示意图（单位：mm）

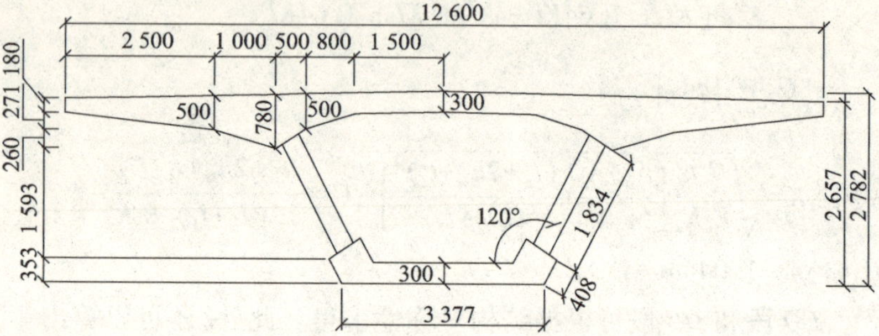

(b) 横截面尺寸图（单位：mm）

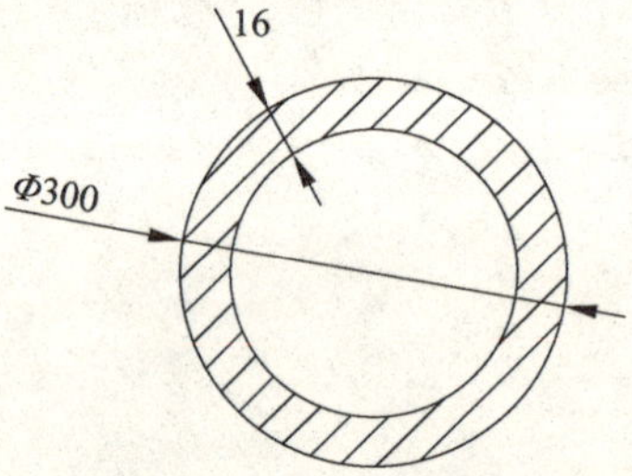

(c) 横腹杆尺寸图（单位：mm）

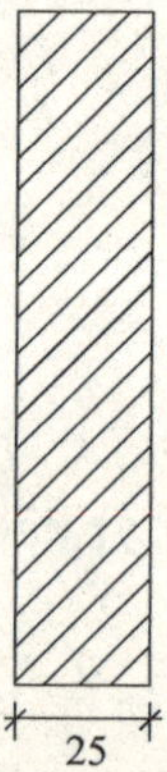

(d) 桁腹板厚度尺寸图（单位：mm）

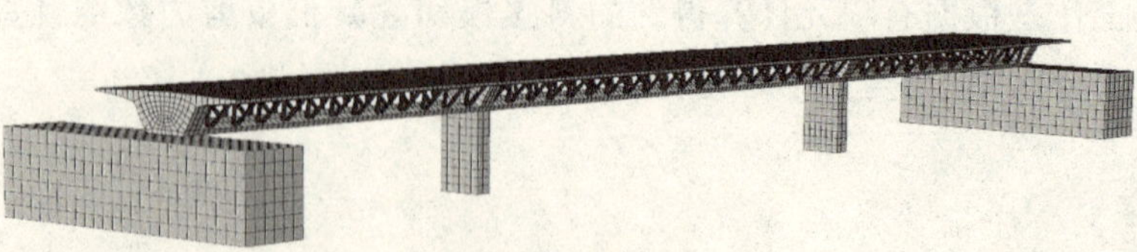

(e) 组合桁腹连续梁桥

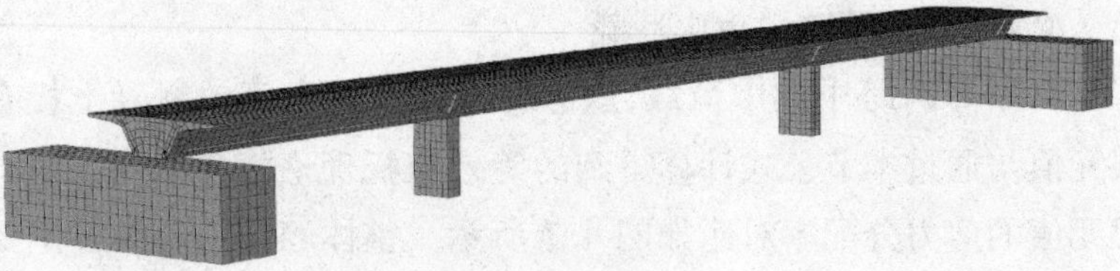

(f) 等效箱梁

图 4.5　有限元模型尺寸图

4.2.1　中跨跨中集中荷载

对于中跨跨中集中荷载，斜腹杆有限元值和等效混凝土板有限元值与通过本节公式计算得到的等效腹板理论值和混凝土板有限元值的剪力分配率对比如图 4.6 所示。整体趋势为边跨斜腹杆主要承担约 80%剪力，混凝土板承担 20%，这一情况在中跨有所改变，即边跨斜腹杆主要承担约 60%剪力，混凝土板承担 40%，且在荷载作用点附近，斜腹杆剪力分配率出现降低态势，混凝土板剪力分配率呈现增长态势，荷载作用点处的剪力几乎出现了各自分担 50%的情况。

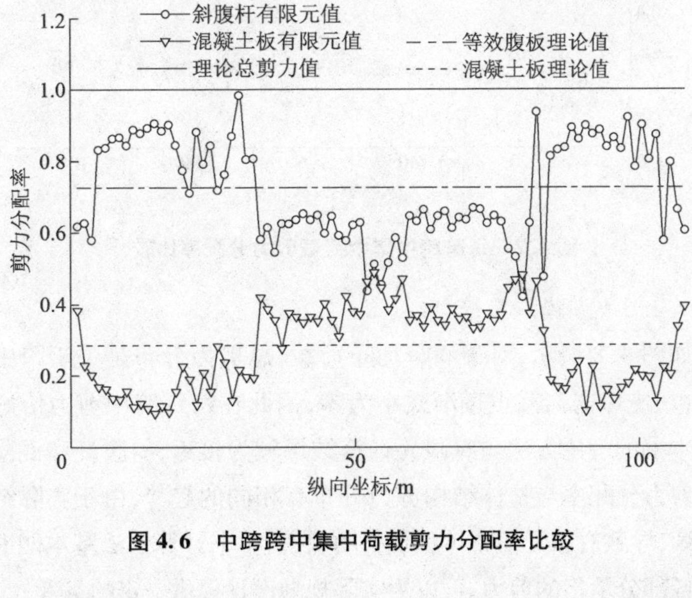

图 4.6　中跨跨中集中荷载剪力分配率比较

4.2.2 每跨跨中集中荷载

对于每跨跨中集中荷载,斜腹杆有限元值和等效混凝土板有限元值与通过本节公式计算得到的等效腹板理论值和混凝土板有限元值的剪力分配率对比如图 4.7 所示。整体趋势为斜腹杆主要承担约 80%剪力,混凝土板承担 20%,其中边跨剪力分配率波动较大,中跨剪力分配率较平稳,在荷载作用处分配率接近 50%。总体来说,本书的理论方法能够较为准确地计算出组合桁腹梁桥斜腹杆桁架部分与混凝土板在每跨跨中集中荷载抗剪中的分配关系。

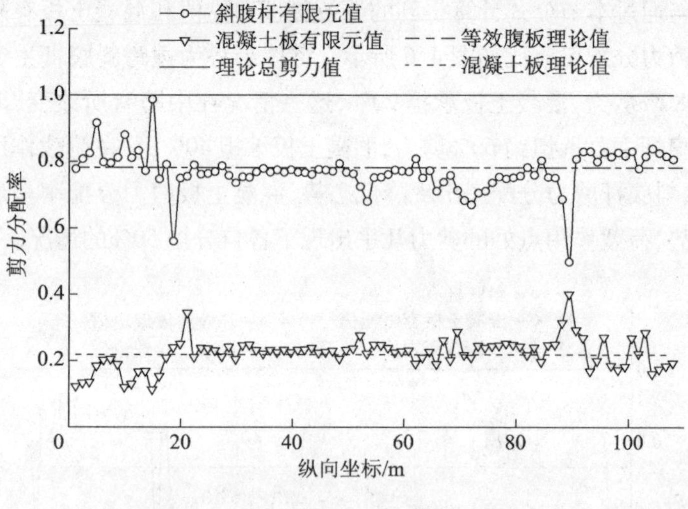

图 4.7 每跨跨中集中荷载剪力分配率比较

4.2.3 满跨均布荷载

如图 4.8 所示,对于满跨均布荷载,总剪力分布是关于跨中对称的,从支座向荷载点逐渐减小为零,因此在每跨跨中剪力恰好为零。本书的理论方法与有限元计算结果较为接近,斜腹杆和混凝土板的剪力分配率与整体结构剪力分布有相同的趋势,由于实际结构不连续,导致有限元值整体呈现抖动状态,本书计算方法基本能够计算出各部分承担的剪力,可以为实际规划设计提供一定的参考。

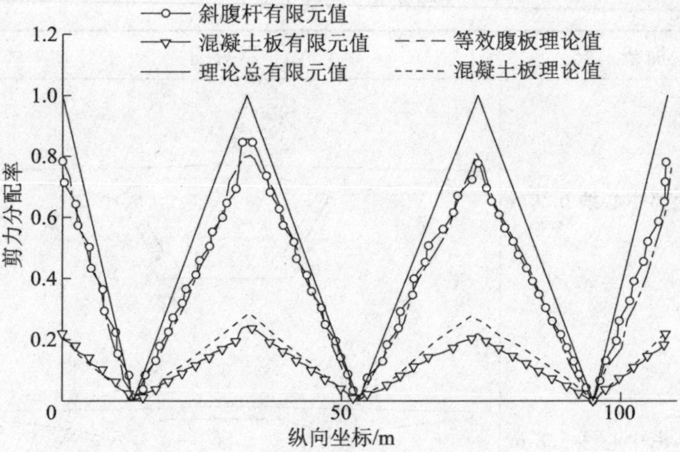

图 4.8　满跨均布荷载剪力分配率比较

综合以上三种工况，不难看出集中荷载作用处及其附近范围的剪力分配存在与理论值有较大偏差的情况，造成这一现象的主要原因是理论分析时通常不考虑剪切滞后。对于满跨均布荷载，由于没有集中荷载的出现，因此本书的理论计算结果与有限元计算值较为接近且偏差都不大。

4.3　荷载横向作用位置对剪力滞的影响

4.3.1　工况设置

本节主要考虑在中跨跨中集中荷载作用下，横截面上不同位置处作用集中力对剪切性能的影响，即对剪力滞变化规律和剪力滞大小的影响，并分析其剪力滞规律与加载位置之间的关系，为实际工程提供更多选择。荷载加载工况见表 4.4。

表 4.4　加载工况

加载工况	示意图
A. 距离中心线 6.9 m	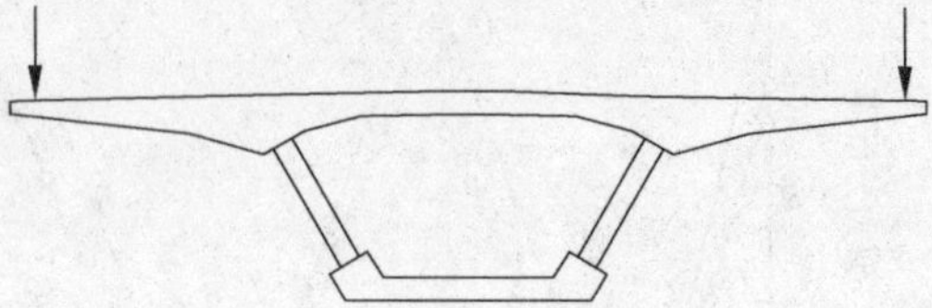
B. 距离中心线 3.8 m	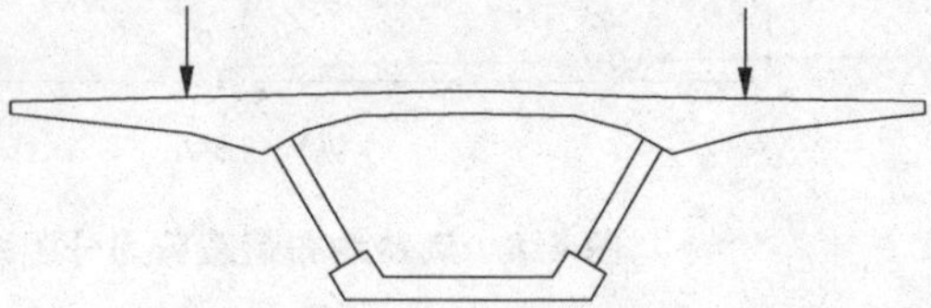
C. 距离中心线 2.55 m	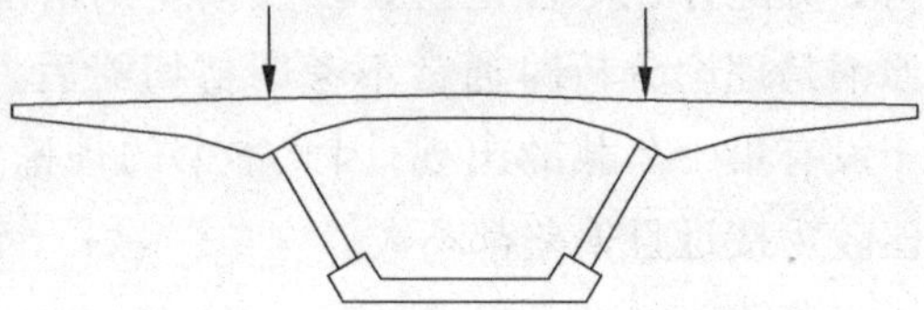
D. 距离中心线 1.5 m	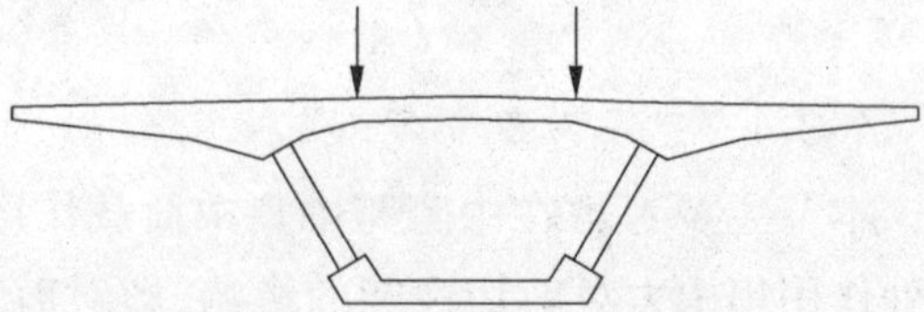
E. 距离中心线 0 m	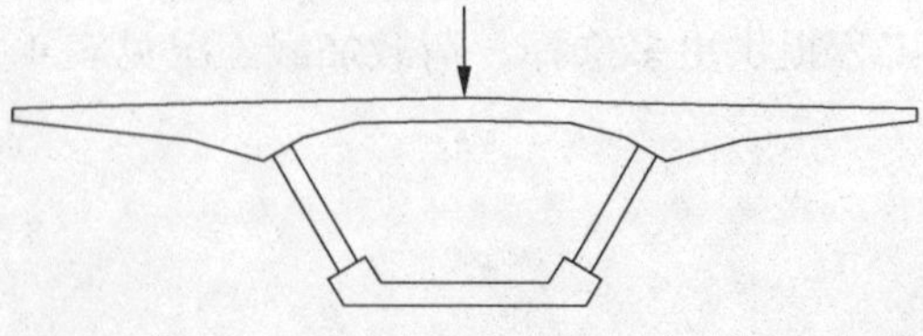

4.3.2　对比分析

不同荷载工况下产生的正应力云图如图 4.9 至图 4.13 所示。

(a) 顶板正应力云图

(b) 底板正应力云图

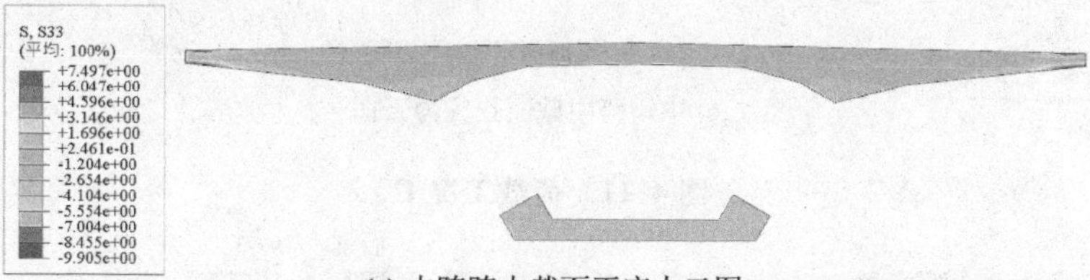

(c) 中跨跨中截面正应力云图

图 4.9　荷载工况 A

(a) 顶板正应力云图

(b) 底板正应力云图

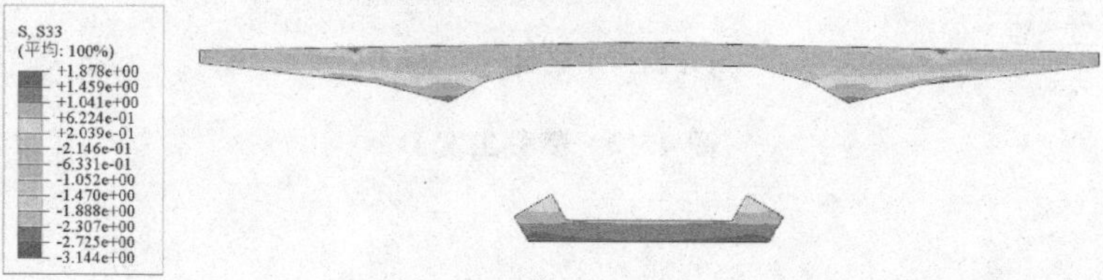

(c) 中跨跨中截面正应力云图

图 4.10　荷载工况 B

(a) 顶板正应力云图

(b) 底板正应力云图

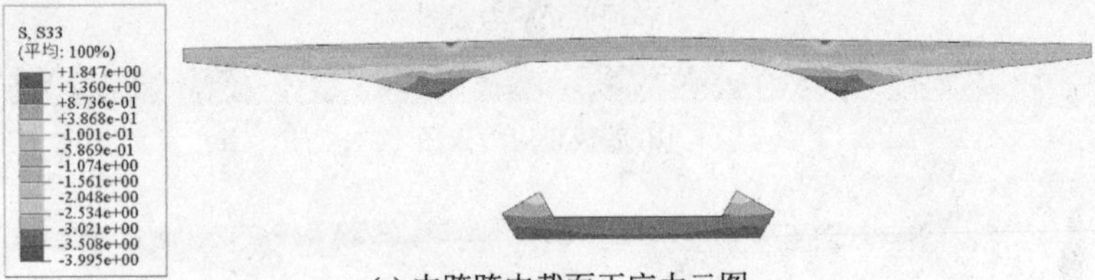

(c) 中跨跨中截面正应力云图

图 4.11　荷载工况 C

(a) 顶板正应力云图

(b) 底板正应力云图

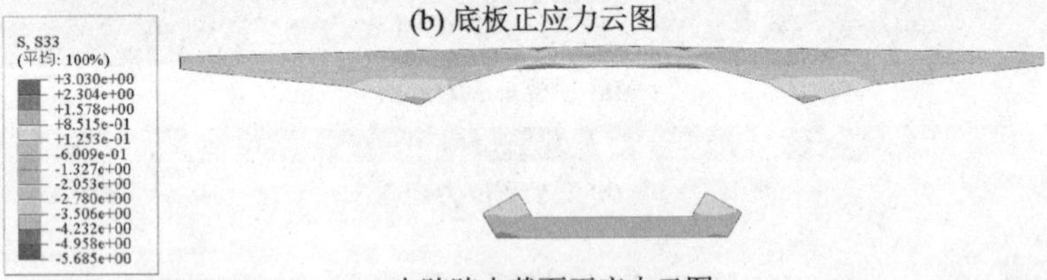

(c) 中跨跨中截面正应力云图

图 4.12　荷载工况 D

(a) 顶板正应力云图

(b) 底板正应力云图

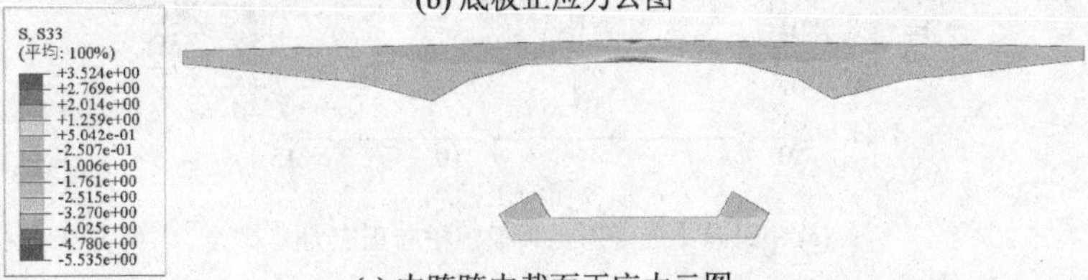

(c) 中跨跨中截面正应力云图

图 4.13　荷载工况 E

从图 4.9 至图 4.13 可以看出，不同荷载工况下的应力云图差别较大，因而剪力滞效应也有很大差别。在一定范围内，荷载作用点越靠近横腹杆与混凝土顶板的交界处，中跨跨中处顶板正应力相对越平稳，且呈现明显的正剪力滞效应；同样地，荷载作用点越靠近横腹杆与混凝土顶板的交界处，中跨跨中处底板负剪力滞效应越明显。此外，从图中还可以看出，荷载作用点对中跨跨中处横截面整体应力大小和分布的影响非常显著。横向来看，荷载作用点越靠近桁腹杆与混凝土顶板交界处，中跨跨中横截面应力波动越大，最大值越大；纵向来看，荷载作用点越靠近横腹杆与混凝土顶板交界处，每跨正应力最大值越大，波动越剧烈。

图 4.14 所示为中跨跨中处混凝土顶板和底板正应力对比。

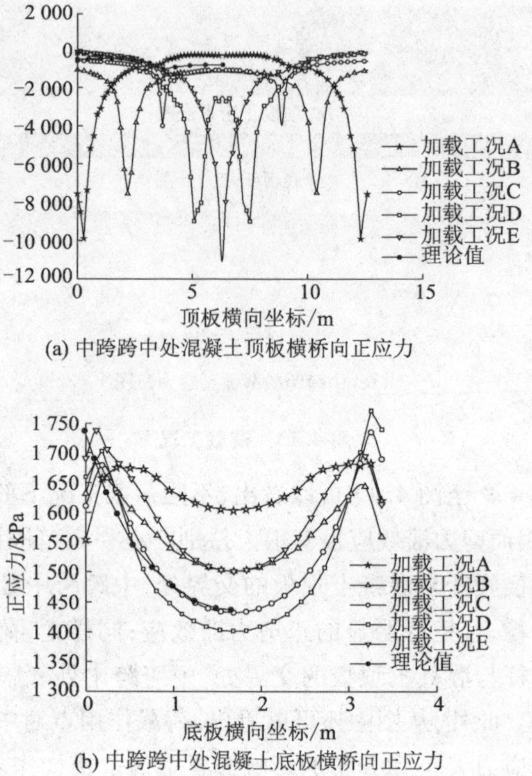

图 4.14　顶板和底板正应力对比

从图 4.14a 可以看出，除去应力集中现象，加载工况 A 负剪力滞效应明显，但与理论值偏差较大；加载工况 B，C，D 产生的是正剪力滞效应，与理论值趋势也基本一致，考虑到荷载点处出现应力集中是有限元模拟时的正常情况，因此除去应力集中点以外，荷载工况 C 与理论值的契合度更高。

从图 4.14b 可以看出，无论是哪种加载工况，混凝土底板横桥向正应力变化趋势基本一致，但数值差异较明显，加载工况 A 下底板正应力最小，加载工况 E 下底板正应力最大，说明当荷载作用于外翼缘时，距离横腹杆与混凝土顶板交界处越远，底板正应力越小;反之,距离横腹杆与混凝土顶板交界处越远,底板正应力越大。

4.4　本章小结

本章主要内容有以下几点:

(1) 在第 2 章等效厚度计算的基础上,对组合桁腹梁桥等效后的箱梁进行剪力分配率关系研究,在组合桁腹连续梁桥上选取一段微元进行分析,并通过建立剪切应力微分方程进行求解。

(2) 推导得到的理论公式包含多个参数,包括混凝土顶板和底板的计算面积,中线厚度对自身截面形心惯性矩进行计算,并在计算时考虑沿跨径方向的剪切应力的变化。

(3) 推导得到组合桁腹连续梁桥在三种典型荷载作用下的剪切应力理论公式,并将通过本书方法计算的剪力分配率与有限元模型进行对比,利用本书提出的方法能够较为准确地计算出组合桁腹梁桥的剪力分配率,二者趋势接近,证明本书等效理论有较好的实用性和可靠性。

(4) 本章还考虑了荷载横向作用位置对剪力滞的影响,结果表明,对于组合桁腹连续梁桥来说,荷载作用点越靠近横腹杆与混凝土顶板交界处,中跨跨中横截面应力波动越大,最大值也越大;荷载作用点越靠近桁腹杆与混凝土顶板交界处,每跨正应力最大值越大,波动越剧烈。因此,组合桁腹连续梁桥荷载作用位置应尽量靠近桁腹杆与混凝土顶板交界处。

第 5 章　组合桁腹连续梁桥扭转与畸变性能研究

本章以组合桁腹连续梁桥等效为等效箱梁为基础，通过对等效前后组合桁腹连续梁桥进行有限元验证，进一步验证等效理论的合理性，并通过控制变量法将可能影响扭转与畸变性能的因素进行二次模拟对比，探究墩高、横隔板密度与厚度对组合桁腹连续梁桥扭转与畸变性能的影响，为实际工程提供有效可靠的理论基础。

5.1　扭转性能分析

5.1.1　分析方法与荷载形式

扭转性能主要依据扭转正应力、剪应力和扭转挠度三个指标进行评价，由于本书桥体属于直桥，正常恒载作用下桥梁不会产生扭转，组合桁腹连续梁桥扭转需要借助偏心荷载实现。在偏心荷载作用下，组合桁腹连续梁桥会同时产生挠度和扭转，为了便于对比分析，需要单独提取扭转效应，这要求对组合桁腹连续梁桥施加相同荷载等级的对称荷载，然后对偏心荷载作用下的力学响应与对称荷载作用下的力学响应作差，即可得到组合桁腹连续梁桥纯粹的扭转响应。

本章荷载使用公路-I 级车道荷载，即每个车道的均布力 q 为 10.5 kN/m，满布整个车道的纵桥向；集中力 P 为 600 kN，施加于中跨的跨中或腹板与顶板交界任一侧位置。荷载的横桥向布置如图 5.1a 所示，纵桥向布置如图 5.1b 所示。每个截面提取 4 个角点的扭转效应，角点编号如图 5.1 所示。

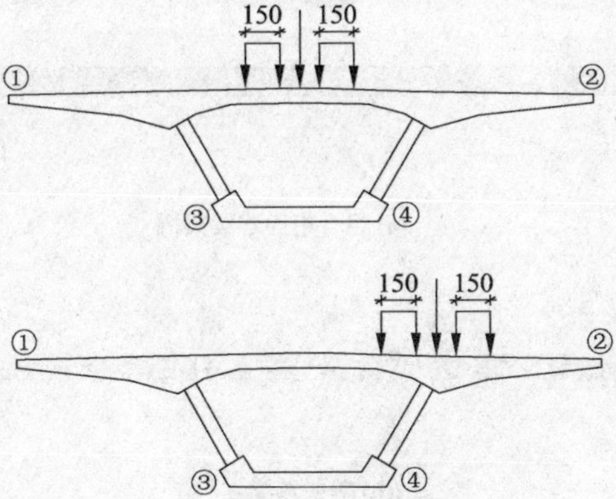

(a) 荷载横向桥向布置图

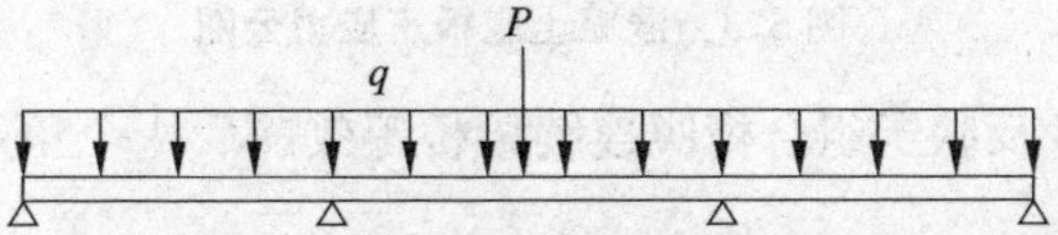

(b) 荷载纵向桥向布置图

图 5.1　荷载布置（单位：cm）

5.1.2　截面正应力对比

混凝土连续梁桥顶板、底板正应力云图如图 5.2 和图 5.3 所示。

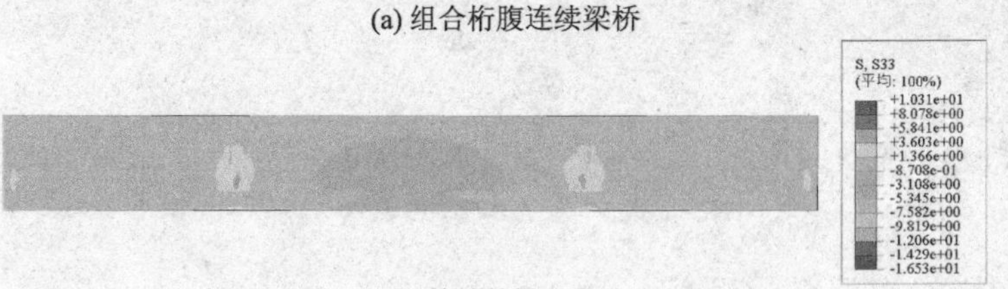

(a) 组合桁腹连续梁桥

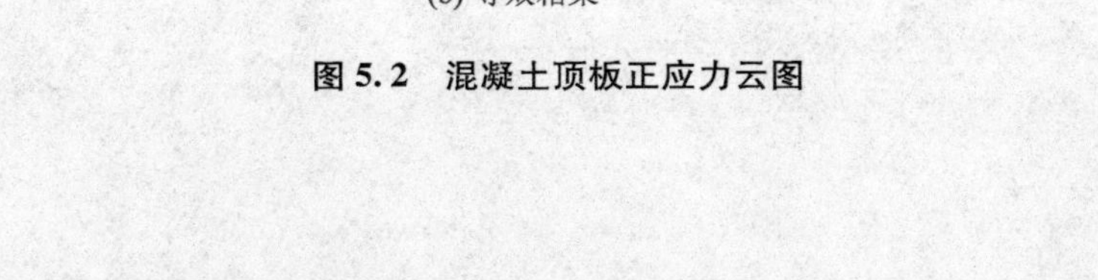

(b) 等效箱梁

图 5.2　混凝土顶板正应力云图

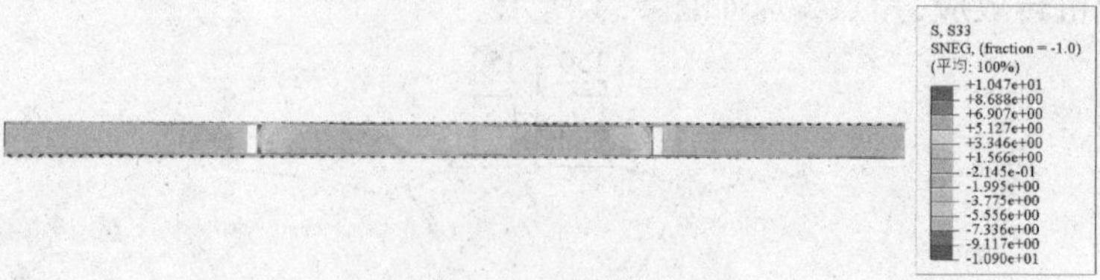

(a) 组合桁腹连续梁桥

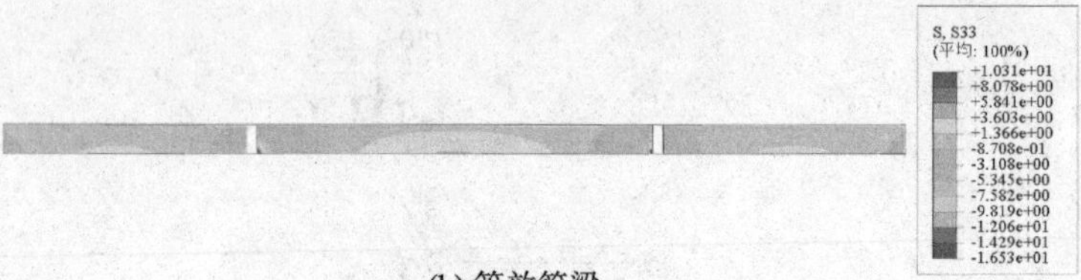

(b) 等效箱梁

图 5.3　混凝土底板正应力云图

图 5.4 反映了组合桁腹连续梁桥等效前后 4 个角点的正应力对比情况。

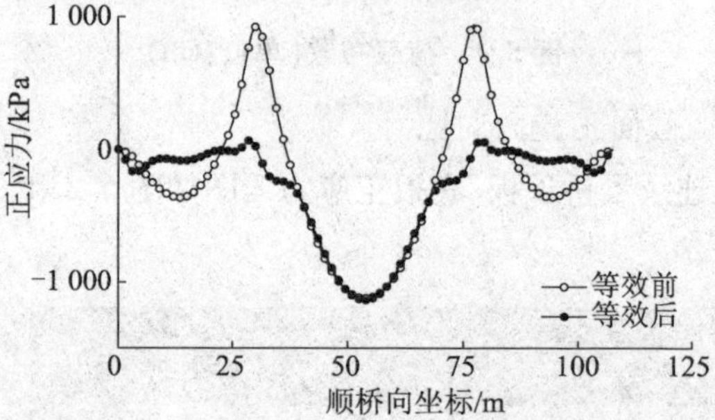

(a) ①号角点

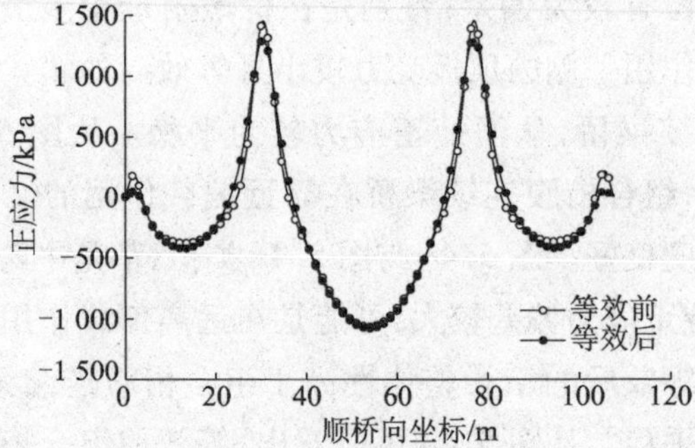

(b) ②号角点

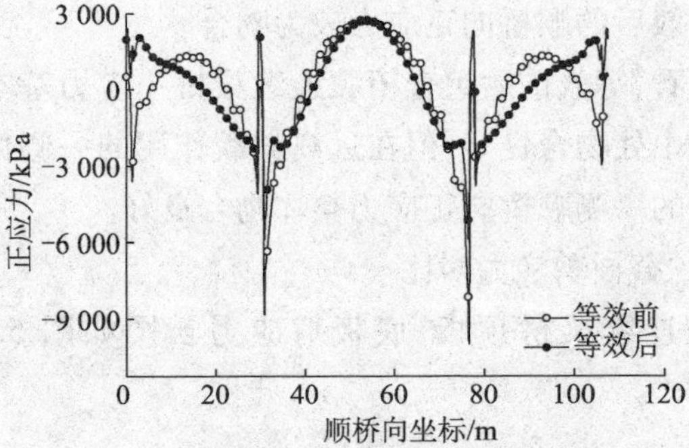

(c) ③号角点

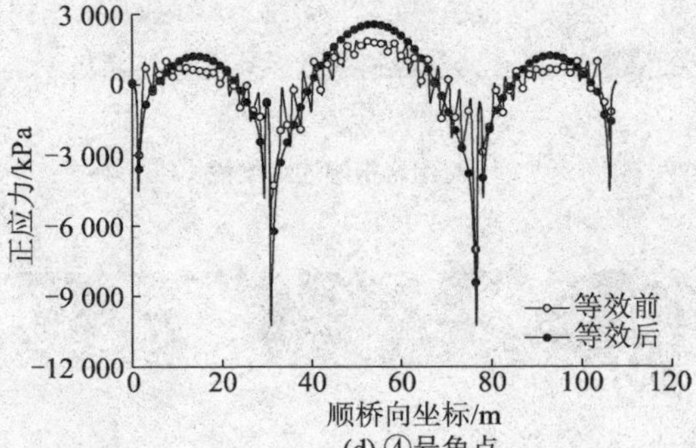

(d) ④号角点

图5.4　等效前后4个点正应力对比

从图5.4a可以看出，①号角点的正应力在中跨部分吻合良好，但在边跨部位有较大偏差,特别是在桥墩附近相差最多。可能是在远离偏载作用一侧的顶板受力较小且等效后的箱梁整体性高于组合桁腹连续梁桥,从而使正应力较为平稳。从图 5. 4b 可以看出,等效前后组合桁腹连续梁桥在靠近偏载作用的②号角点处正应力拟合程度良好。图 5. 4c 与图 5. 4a 类似,都是中跨部分拟合良好,边跨部位正应力偏差较大,可能是在远离偏载作用一侧的顶板受力较小且等效后的箱梁整体性高于组合桁腹连续梁桥,从而使正应力较为平稳。从图 5. 4d 可以看出,等效前组合桁腹连续梁桥的顺桥向正应力有明显波动,但从整体趋势来看,等效前的顺桥向正应力和等效后的顺桥向正应力较为吻合。

总体来看,等效前后组合桁腹连续梁桥正应力基本稳定,特别是在中跨跨中处吻合良好,但在远离偏载作用的一侧偏差较大,受到偏载作用的一侧顺桥向正应力整体吻合良好。

5.1.3 截面剪应力对比

混凝土连续梁桥顶板、底板剪应力云图如图 5.5 和图 5.6 所示。

(a) 组合桁腹连续梁桥

(b) 等效箱梁

图 5.5 混凝土顶板剪应力云图

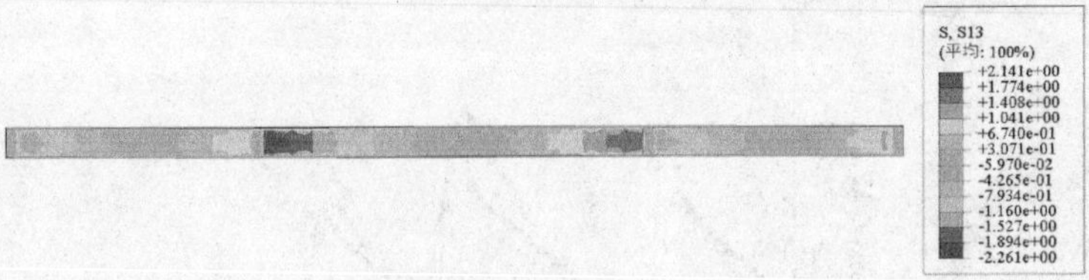

(a) 组合桁腹连续梁桥

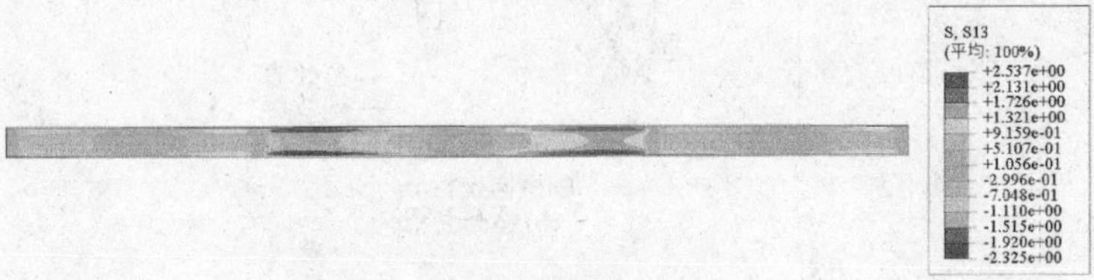

(b) 等效箱梁

图 5.6　混凝土底板剪应力云图

图 5.7 反映了组合桁腹连续梁桥等效前后 4 个角点剪应力的对比。

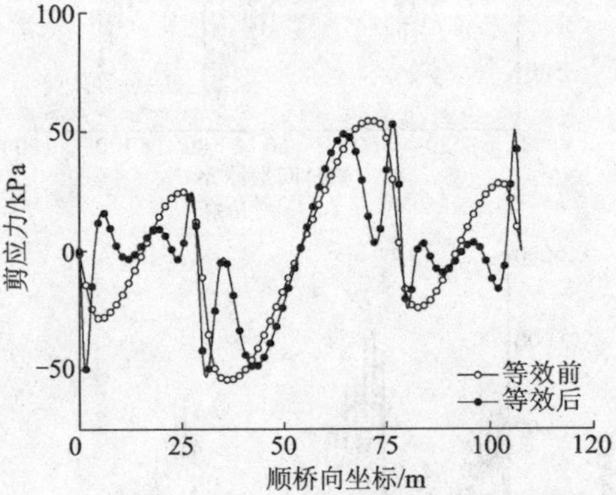

(a) ①号角点

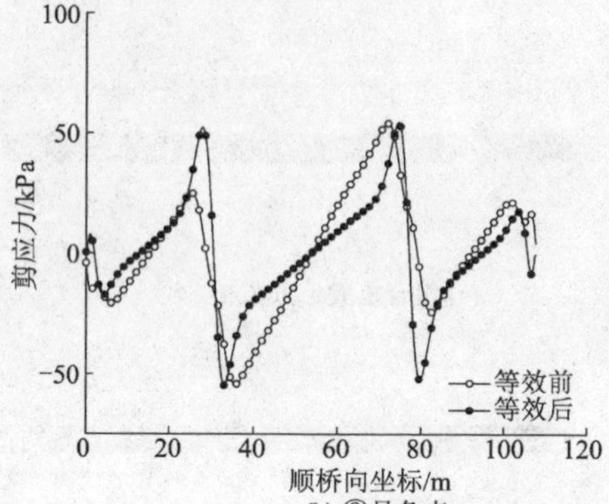

(b) ②号角点

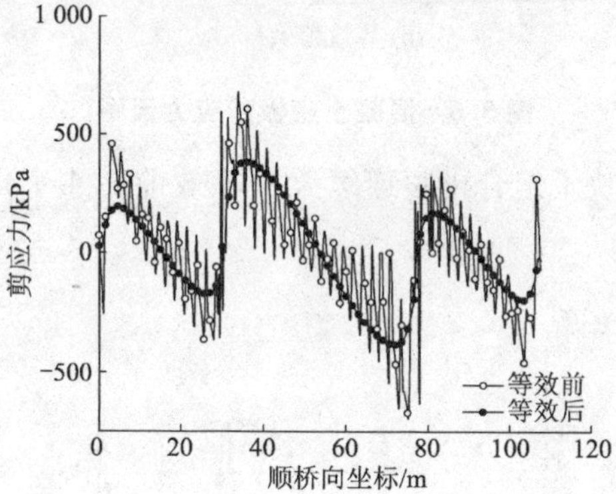

(c) ③号角点

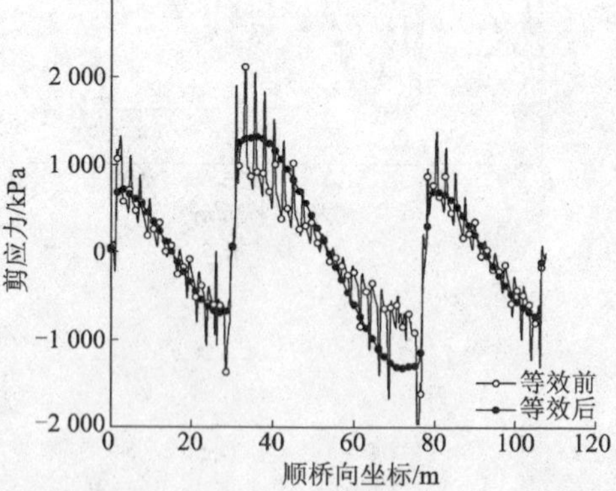

(d) ④号角点

图 5.7　等效前后 4 个角点剪应力对比

从图 5. 7a 可以看出,在远离偏载作用的①号角点处,等效前后顺桥向剪应力在中跨部分吻合良好,在边跨部位虽偏差较大但整体趋势一致,在桥墩附近有明显的应力集中现象,这可能是由于刚体桥墩对桥梁的影响产生的。

从图 5. 7b 可以看出,在靠近偏载作用的②号角点处,等效前后顺桥向剪应力整体吻合良好,且整体趋势一致,在桥墩附近有明显的应力集中现象及较大的偏差,这可能是由于刚体桥墩对桥梁的影响产生的。

从图 5. 7c 可以看出,在远离偏载作用的③号角点处,等效前后顺桥向剪应力整体吻合良好,且整体趋势一致。但等效前组合桁腹连续梁桥存在明显的应力波动,且在桥墩附近有明显的应力集中现象。

从图 5. 7d 可以看出,在靠近偏载作用的④号角点处,等效前后顺桥向剪应力在边跨部分吻合良好,在中跨部分偏差较大但整体趋势一致,在桥墩附近有明显的应力集中现象,这可能是由于刚体桥墩对桥梁的影响产生的。等效前组合桁腹连续梁桥存在明显的应力波动。

整体来看,等效前后组合桁腹连续梁桥 4 个角点的剪应力基本吻合且趋势基本一致,特别是受到偏载作用一侧的桥体,等效前后剪应力吻合较好,优于远离偏载作用的一侧,可能是因为钢桁杆对偏载的分散作用及等效后箱梁桥的整体性更佳。

5. 1. 4　扭转正应力对比

对偏心荷载作用下的顺桥向正应力与对称荷载作用下的顺桥向正应力作差,得到组合桁腹连续梁桥扭转正应力,扭转正应力包含约束扭转正应力和畸变正应力。图 5. 8 反映了组合桁腹连续梁桥等效前后 4 个角点的扭转正应力的对比。

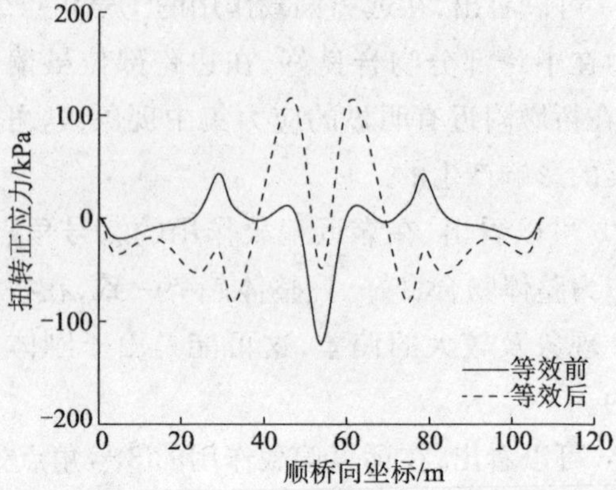

(a) ①号角点

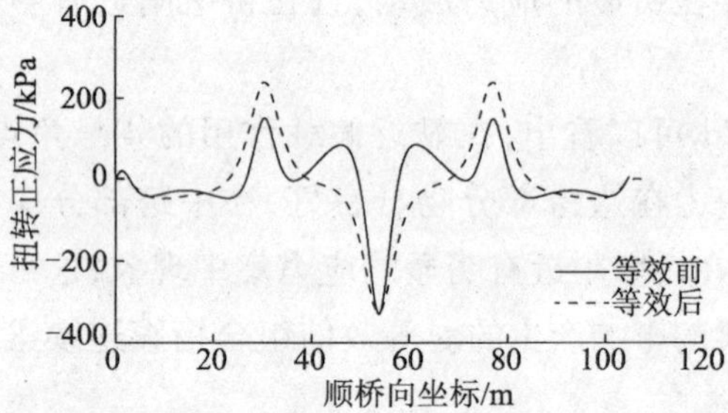

(b) ②号角点

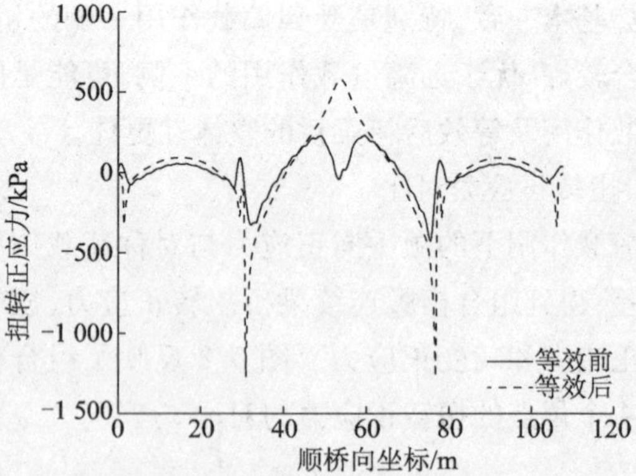

(c) ③号角点

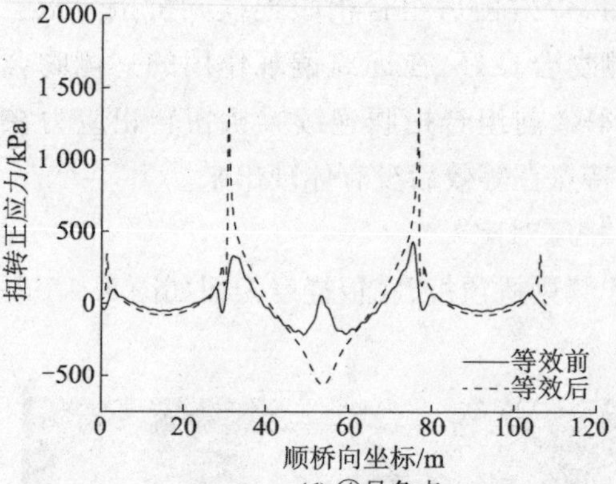

(d) ④号角点

图 5.8　等效前后 4 个角点扭转正应力对比

从图 5.8a 可以看出，在远离偏载作用的①号角点处，组合桁腹连续梁桥顺桥向扭转正应力相对其余角点偏小，且吻合程度不佳，但在中跨跨中处扭转正应力趋势一致，可能是由于远离偏载点，使①号角点处扭转正应力表现不明显。

从图 5.8b 可以看出，在靠近偏载作用的②号角点处，等效前后组合桁腹连续梁桥扭转正应力较为吻合，且趋势基本一致，在中跨跨中处扭转正应力峰值非常接近，说明等效前后顶板扭转正应力基本一致，本书等效理论在扭转性能上应用良好。

从图 5.8c 可以看出，在远离偏载作用的③号角点处，等效前后组合桁腹连续梁桥扭转正应力较为吻合，趋势也基本一致，但在中跨跨中处等效前的组合桁腹连续梁桥的扭转正应力有突变点，且在桥墩附近等效后的组合桁腹连续梁桥的扭转正应力出现应力集中现象。

从图 5.8d 可以看出，在靠近偏载作用的④号角点处，等效前后组合桁腹连续梁桥扭转正应力较为吻合，趋势也基本一致，但在中跨跨中处等效前的组合桁腹连续梁桥的扭转正应力有突变点，且在桥墩附近等效后组合桁腹连续梁桥扭转正应力出现应力集中现象。

整体来看,等效前后组合桁腹连续梁桥扭转正应力在受到偏载作用的一侧吻合良好,在远离偏载作用的一侧吻合度较低。对于底板来说,等效前组合桁腹连续梁桥扭转正应力在中跨跨中处有突变,这一特点在等效后没有体现出来。

5.1.5 挠度对比

混凝土连续梁桥顶板、底板挠度云图如图 5.9 和图 5.10 所示。

(a) 组合桁腹连续梁桥

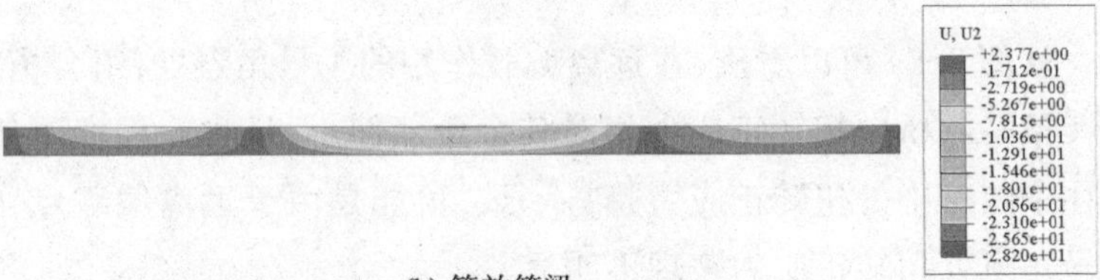

(b) 等效箱梁

图 5.9 混凝土顶板挠度云图

(a) 组合桁腹连续梁桥

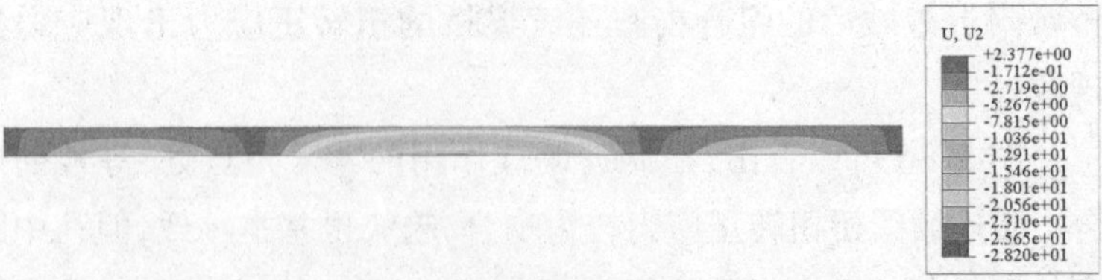

(b) 等效箱梁

图 5.10 混凝土底板挠度云图

图5.11反映了组合桁腹连续梁桥等效前后4个角点的挠度对比。

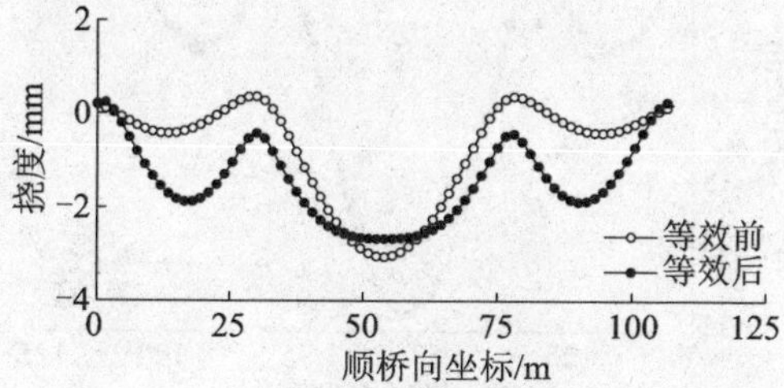

(a) ①号角点

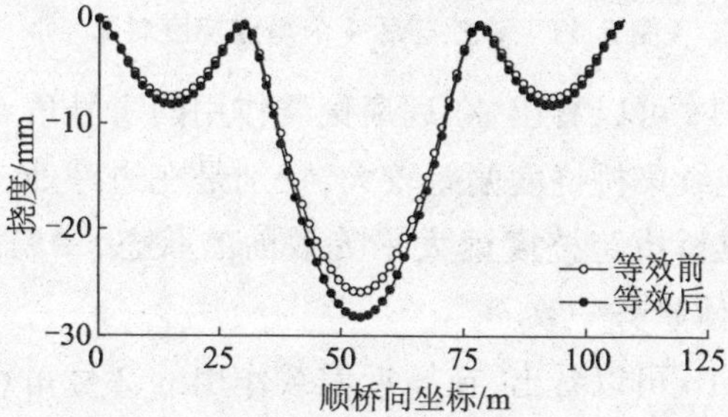

(b) ②号角点

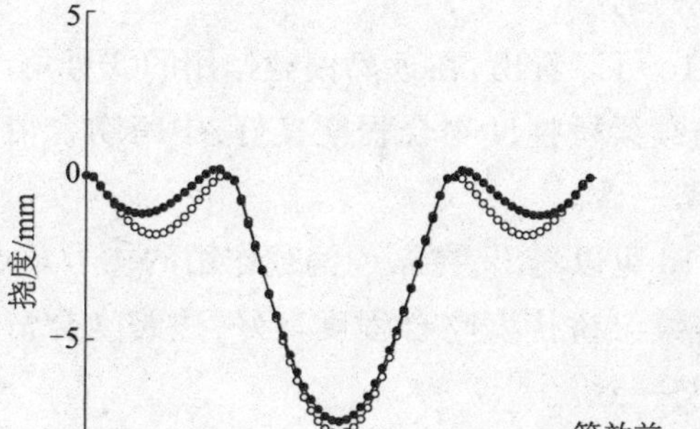

(c) ③号角点

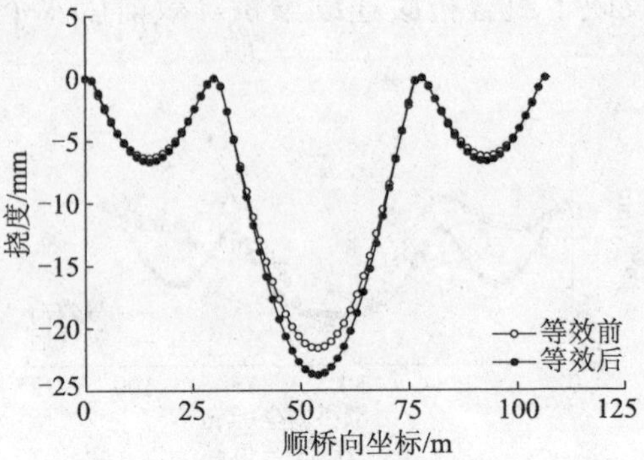

(d) ④号角点

图 5.11　等效前后 4 个角点挠度对比

从图 5.11a 可以看出，在远离偏载作用的①号角点处，等效前后组合桁腹连续梁桥挠度偏差较大，特别是在边跨处，等效后的组合桁腹连续梁桥边跨挠度远大于等效前的状态，中跨跨中处挠度较为接近，整体趋势一致。

从图 5.11b 可以看出，在靠近偏载作用的②号角点处，等效前后组合桁腹连续梁桥挠度吻合程度良好，边跨吻合情况明显优于中跨，整体趋势一致。

从图 5.11c 可以看出，在远离偏载作用的③号角点处，等效前后组合桁腹连续梁桥挠度吻合程度良好，中跨吻合情况明显优于边跨，整体趋势一致。

从图 5.11d 可以看出，在靠近偏载作用的④号角点处，等效前后组合桁腹连续梁桥挠度吻合程度良好，边跨吻合情况明显优于中跨，整体趋势一致。

综合来看，在靠近偏载作用的一侧，无论是顶板还是底板，挠度曲线都吻合良好，且边跨吻合程度更好，等效后中跨跨中挠度大于等效前的；而在远离偏载作用的一侧，中跨吻合程度优于边跨，且挠度数值比较小。由此可以看出，在受到相同偏载作用时，等效后的组合桁腹连续梁桥的挠度大于等效前的，可能是因为等效箱梁混凝土腹板的整体性更强。

5.2　结构参数对组合桁腹连续梁桥扭转性能的影响

若干实际工程与项目案例表明，薄壁箱梁在荷载作用下会产生明显的翘曲应力，并且其截面边缘的竖向位移往往大于结构弯曲引起的竖向位移，这是因为畸变引起的翘曲位移超过刚性扭转引起的位移。组合桁腹连续梁桥也类似，而且杆件截面过大的变形不仅会使桥体的抵抗力变差，也使得杆件易发生失稳破坏。因此，减小桥梁结构的畸变是关键。目前控制畸变的措施主要是控制墩高、横隔板密度和横隔板厚度。横隔板的存在极大地约束了截面变形，横隔板密度或厚度增加后，横隔板之间桁腹杆的截面面积减小，相应的变形也会减少。

因此，本节仍以上文模型为研究对象，利用 ABAQUS 对模型进行分析计算，分析横隔板密度或厚度、墩高对扭转畸变翘曲正应力的影响程度。

5.2.1　墩高的影响

桥墩的主要作用是承受上部结构传来的载荷，并通过基础将此载荷及本身自重传递至地基。然而多数桥梁的桥墩为细长柱体，其在承受偏心荷载时最大的问题是会出现微小弯曲，然后荷载会作用于弯曲部分，进一步放大弯曲。此时，对桥体上部结构内力会产生一定影响。本节以墩高为变量，其余条件不变，研究墩高变化对组合桁腹连续梁桥扭转性能的影响。为此，分别建立 60 m, 40 m 和 20 m 墩高的组合桁腹连续梁桥。

不同墩高情况下，各截面不同角点的正应力及不同墩高最大正应力如图 5.12 所示。

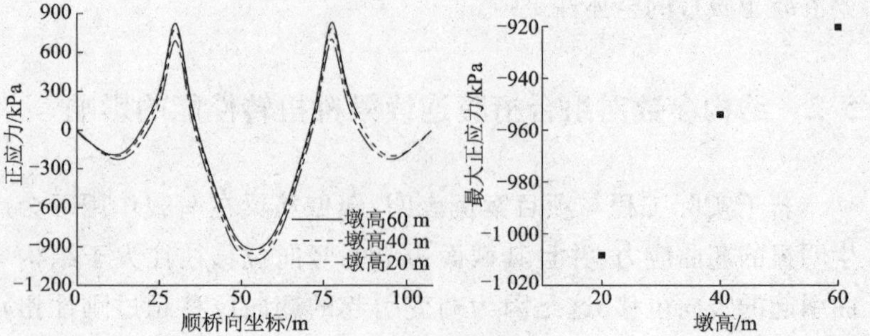

(a) ①号角点

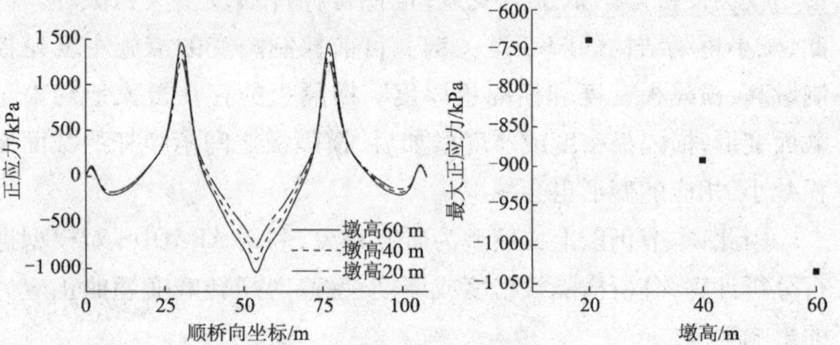

(b) ②号角点

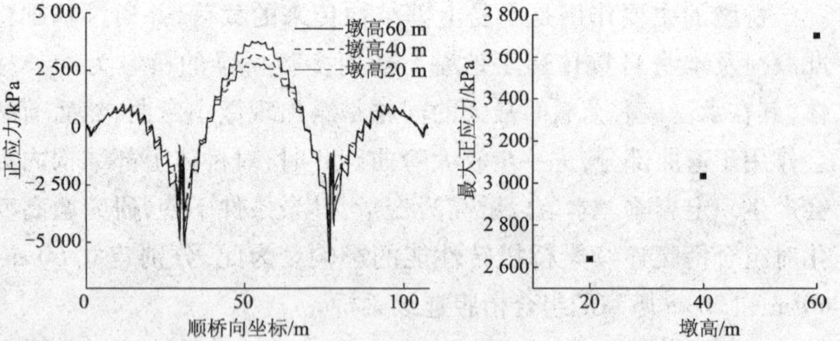

(c) ③号角点

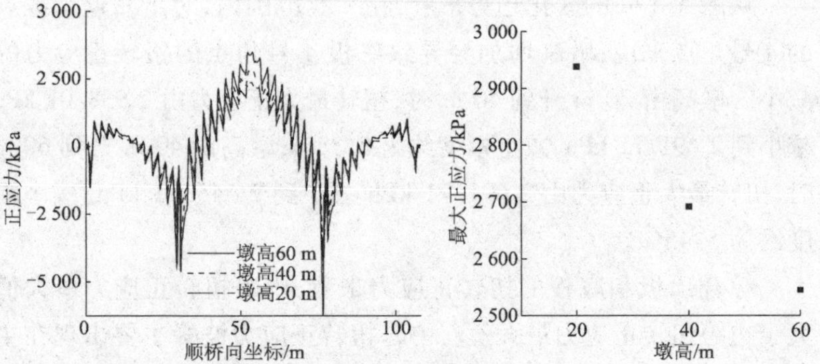

(d) ④号角点

图 5.12　不同墩高下 4 个角点正应力对比

从图 5.12a 的变化趋势来看，在一定范围内，对于远离荷载点的①号角点来说，墩高增加会导致顶板①号角点的扭转正应力增加。墩高由 20 m 升到 40 m 时，扭转最大正应力由-100 8.28 kPa 增加到-953.97 kPa，增加幅度约为 5.39%；墩高由 40 m 升到 60 m 时，扭转最大正应力由-953.97 kPa 增加到-920.37 kPa，增加幅度约为 3.52%。

从图 5.12b 的变化趋势来看，在一定范围内，对于靠近荷载点的②号角点来说，墩高增加会导致顶板②号角点的扭转正应力减小。墩高由 20 m 升到 40 m 时，扭转最大正应力由-739.16 kPa 减小到-892.46 kPa，减小幅度约为 20.74%；墩高由 40 m 升到 60 m 时，扭转最大正应力由-892.46 kPa 减小到-1 034.28 kPa，减小幅度约为 15.89%。

从图 5.12c 的变化趋势来看，在一定范围内，对于远离荷载点的③号角点来说，墩高增加会导致底板③号角点的扭转正应力增加。墩高由 20 m 升到 40 m 时，扭转最大正应力由 2 640.42 kPa 增加到 3 035.61 kPa，增加幅度约为 14.97%；墩高由 40 m 升到 60 m 时，扭转最大正应力由 3 035.61 kPa 增加到 3 701.66 kPa，增加幅度约为 21.94%。

从图 5.12d 的变化趋势来看,在一定范围内,对于靠近荷载点的④号角点来说,墩高增加会导致底板④号角点的扭转正应力的减小。墩高由 20 m 升到 40 m 时,扭转最大正应力由 2 938.01 kPa 减小到 2 691.71 kPa,减小幅度约为 8.38%;墩高由 40 m 升到 60 m 时,扭转最大正应力由 2 691.71 kPa 减小到 2 545.01 kPa,减小幅度约为 5.45%。

综合顶板和底板的扭转正应力来看,中跨扭转正应力最大值大于边跨扭转正应力最大值。中跨扭转正应力波峰主要出现在主墩附近和跨中附近,边跨扭转正应力主要出现在桥墩附近。因此可以得出结论:其余条件不变且在一定范围内,当组合桁腹连续梁桥的桥墩墩高增加时,其截面正应力绝对值也逐渐增大。

不同墩高情况下,各截面不同角点的正应力对比如图 5.13 所示,各墩高下的扭转正应力绝对值见表 5.1。

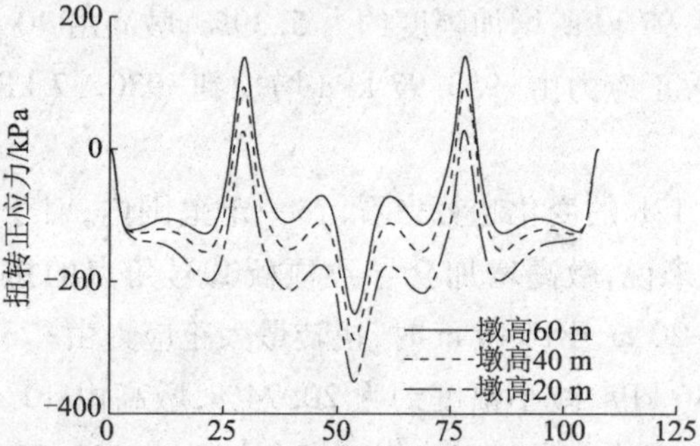

(a) ①号角点

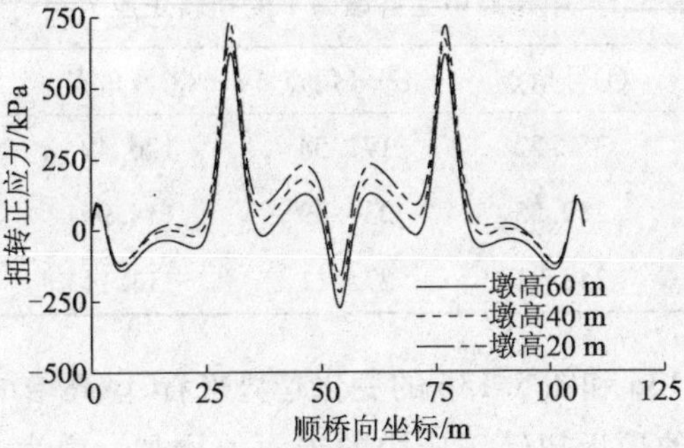

(b) ②号角点

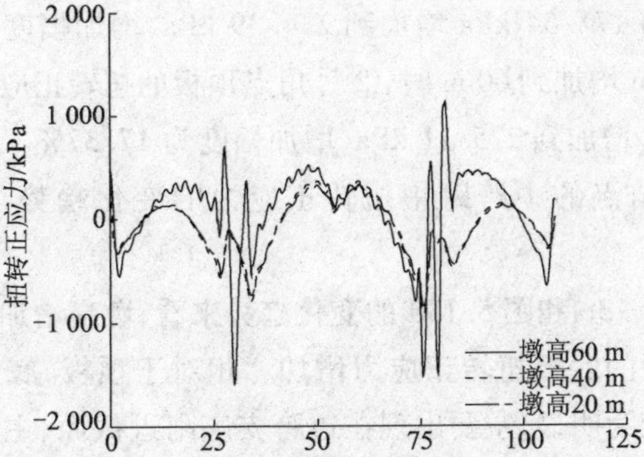

(c) ③号角点

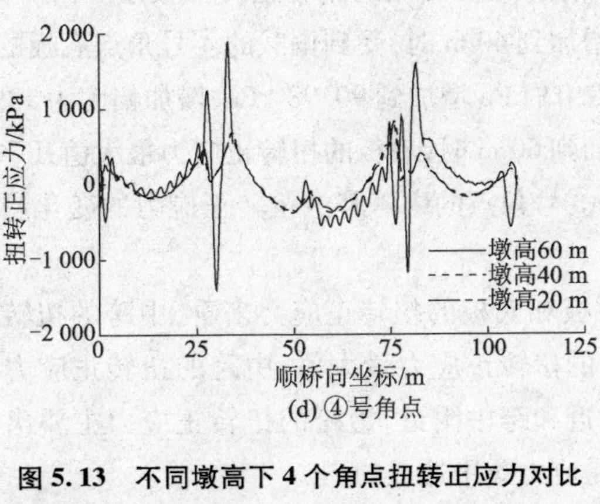

(d) ④号角点

图 5.13　不同墩高下 4 个角点扭转正应力对比

表 5.1　中跨跨中在各墩高下的扭转正应力绝对值　单位:kPa

墩高	①号角点	②号角点	③号角点	④号角点
20 m	352.22	171.54	126.49	38.03
40 m	289.55	234.39	114.99	90.98
60 m	248.91	275.11	113.11	91.21

从图 5.13a 和图 5.13b 的变化趋势来看,墩高增加导致组合桁腹连续梁桥的顶板扭转正应力的绝对值增加。由表 5.1 可知,墩高由 20 m 增加到 40 m 时,受到偏载的②号角点顶板的中跨跨中扭转正应力由 171.54 kPa 增加到 234.39 kPa,增加幅度为 36.64%;墩高由 40 m 增加到 60 m 时,②号角点顶板的扭转正应力最大值由 234.39 kPa 增加到 275.11 kPa,增加幅度为 17.37%。没有受到偏载的①号角点的中跨跨中扭转正应力的变化趋势与②号角点相反。

从图 5.13c 和图 5.13d 的变化趋势来看,墩高增加导致组合桁腹连续梁桥的底板扭转正应力增加。相对于顶板,底板扭转正应力的波峰较为明显,主要出现在边跨支座附近截面、主墩两侧附近截面、中跨跨中及其两侧附近截面,扭转正应力最大值出现在中跨跨中截面,其余大部分区域的扭转正应力很小。由表 5.1 可知,墩高由 20 m 增加到 40 m 时,受到偏载的④号角点底板的扭转正应力最大值由 38.03 kPa 增加到 90.98 kPa,增加幅度为 139.23%;墩高由 40 m 增加到 60 m 时,底板的扭转正应力最大值几乎不变。没有受到偏载的③号角点的中跨跨中扭转正应力的变化趋势与④号角点相反。

综合顶板和底板的扭转正应力来看,中跨的扭转正应力最大值大于边跨的扭转正应力最大值,中跨的扭转正应力波峰主要出现在主墩附近和跨中附近,边跨的扭转正应力主要出现在主墩附近,这可能是应力集中造成的。

不同墩高情况下，各截面不同角点的挠度对比如图 5.14 所示。

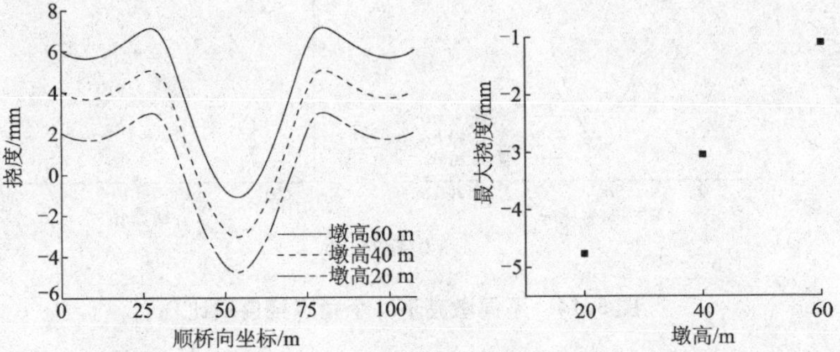

(a) ①号角点

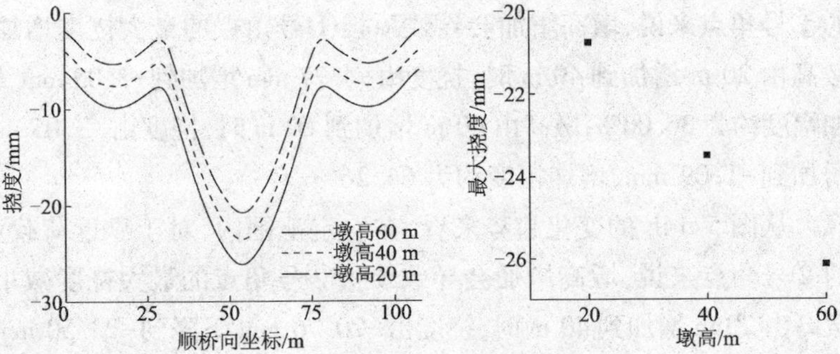

(b) ②号角点

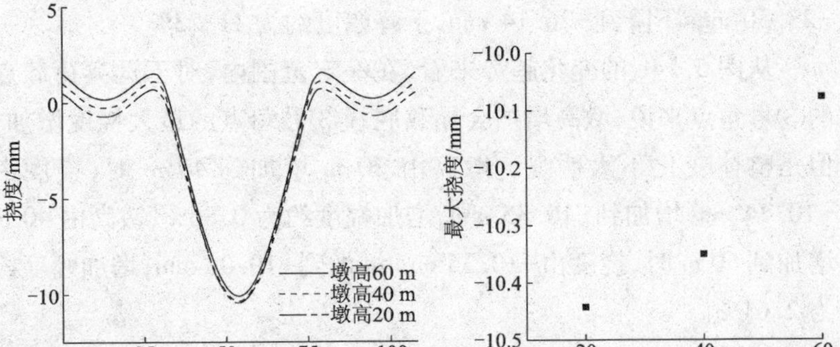

(c) ③号角点

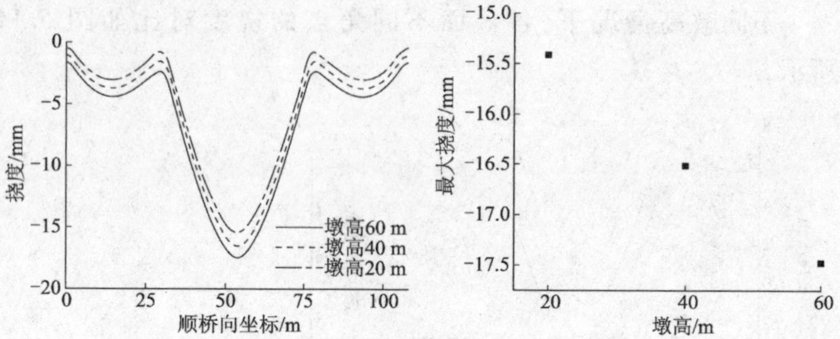

(d) ④号角点

图 5.14　不同墩高下 4 个角点挠度对比

从图 5.14a 的变化趋势来看，在一定范围内，对于远离荷载点的①号角点来说，墩高增加会导致顶板①号角点的最大挠度增加。墩高由 20 m 增加到 40 m 时，挠度由-4.77 mm 增加到-3.05 mm，增加幅度约为 36.06%；墩高由 40 m 增加到 60 m 时，挠度由-3.05 mm 增加到-1.09 mm，增加幅度约为 64.26%。

从图 5.14b 的变化趋势来看，在一定范围内，对于靠近荷载点的②号角点来说，墩高增加会导致顶板②号角点的最大挠度减小。墩高由 20 m 增加到 40 m 时，挠度由-20.76 mm 下降到-23.50 mm，下降幅度约为 13.20%；墩高由 40 m 增加到 60 m 时，挠度由-23.50 mm 下降到-26.14 mm，下降幅度约为 11.23%。

从图 5.14c 的变化趋势来看，在一定范围内，对于远离荷载点的③号角点来说，墩高增加会导致底板③号角点的最大挠度增加，但是整体变化不太明显。墩高由 20 m 增加到 40 m 时，挠度由-10.44 mm 增加到-10.35 mm，增加幅度约为 0.86%；墩高由 40 m 增加到 60 m 时，挠度由-10.35 mm 增加到-10.08 mm，增加幅度约为 2.61%。

从图 5.14d 的变化趋势来看，在一定范围内，对于靠近荷载点的④号角点来说，墩高增加会导致底板④号角点的最大挠度减小。墩高由 20 m 增加到 40 m 时，挠度由-15.41 mm 下降到-16.51 mm，下降幅度约为 7.14%；墩高由 40 m 增加到 60 m 时，挠度由−16.51 mm 下降到−17.48 mm，下降幅度约为 5.88%。

综合不同墩高情况下组合桁腹连续梁桥的扭转正应力和扭转挠度分析结果，组合桁腹连续梁桥的扭转正应力和扭转挠度与墩高的变化在受到荷载的一侧（即②号和④号角点处）呈正比，墩高增加会导致扭转正应力和扭转挠度增加。

5.2.2　横隔板密度的影响

本节模型施加的荷载按图 5.1 中的要求进行布置。在跨中增添的间横隔板的厚度为 1.262 m，保持荷载集度与横隔板厚度不变，尝试不断增加横隔板的数量，考察各截面扭转畸变翘曲正应力和挠度的变化规律，为了避免计算时的应力集中现象，不考虑横隔板中间的开孔，将中间横隔板设置在等分箱梁的位置，横隔板具体的设置数量、设置位置如图 5.15 所示。

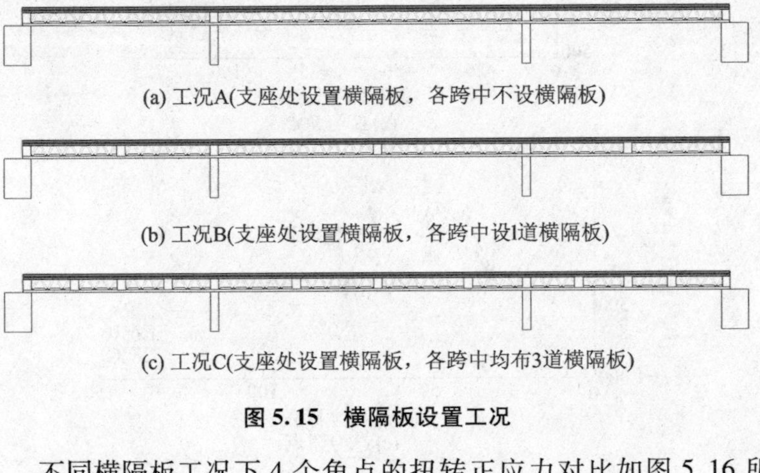

(a) 工况A(支座处设置横隔板，各跨中不设横隔板)

(b) 工况B(支座处设置横隔板，各跨中设1道横隔板)

(c) 工况C(支座处设置横隔板，各跨中均布3道横隔板)

图 5.15　横隔板设置工况

不同横隔板工况下 4 个角点的扭转正应力对比如图 5.16 所示，中跨跨中在各工况下的扭转正应力绝对值见表 5.2。

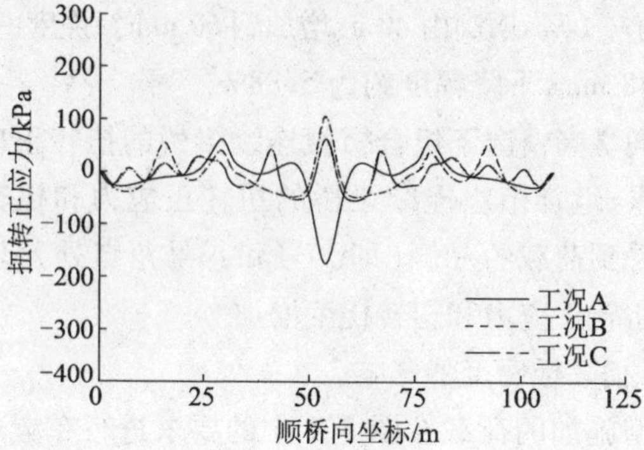

(a) ①号角点

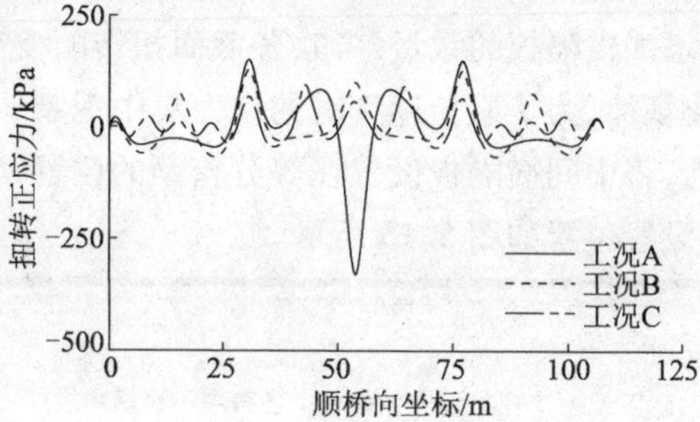

(b) ②号角点

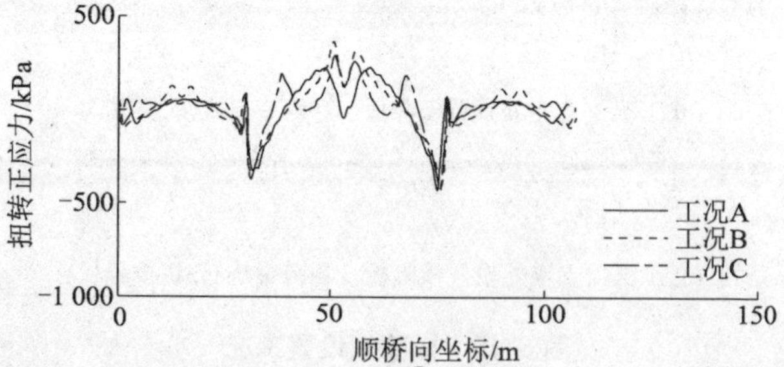

(c) ③号角点

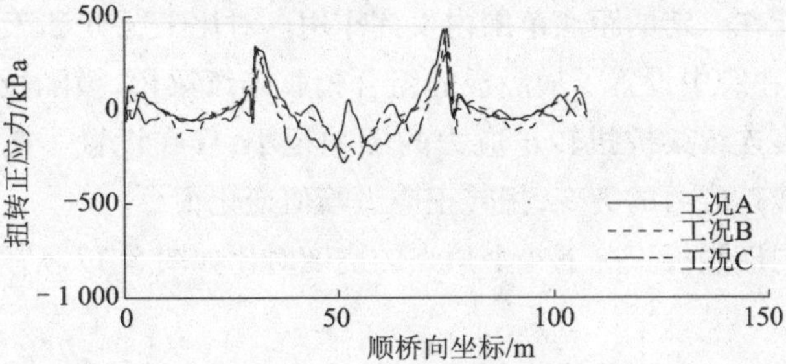

(d) ④号角点

图 5.16　不同横隔板工况下 4 个角点扭转正应力对比

表 5.2　中跨跨中在各工况下的扭转正应力绝对值　单位:kPa

横隔板布置情况	①号角点	②号角点	③号角点	④号角点
工况 A(中间无横隔板)	174.73	330.91	41.86	62.21
工况 B(中间 1 道横隔板)	104.78	99.51	130.34	229.09
工况 C(中间 3 道横隔板)	62.97	56.21	116.19	196.49

从图 5.16a 和图 5.16b 可以发现,在偏心荷载作用下,组合桁腹连续梁桥在跨中不设置横隔板时,中跨跨中扭转正应力最大,而跨中设置横隔板后,横隔板截面处扭转正应力会发生突变,且中跨跨中扭转正应力绝对值也明显变小。

由表 5.2 可知,组合桁腹连续梁桥在跨中不设置横隔板时,中跨跨中的顶板扭转正应力绝对值都大于中间设置横隔板的工况。其中,①号角点中跨跨中处扭转正应力绝对值为 174.73 kPa,较设置了 1 道横隔板的 104.78 kPa,扭转正应力绝对值增加了 66.8%,②号角点中跨跨中处扭转正应力绝对值为 330.91 kPa,较设置了 1 道横隔板的 99.51 kPa,扭转正应力绝对值增加了 232.54%。

综合图 5.16 和表 5.2 来看,在一定范围内,跨中设置横隔板对各截面的扭转畸变效应有较好的约束作用,可以缓和组合桁腹连续梁桥顺桥向扭转正应力曲线,削弱整体扭转正应力峰值,而对距横隔板较远的截面,横隔板对畸变效应的控制作用则很小,说明横隔板仅能在一定的距离范围内发挥作用。对比工况 B 和工况 C 可以发现,在跨中设置了横隔板的组合桁腹连续梁桥,横隔板密度对组合桁腹连续梁桥扭转正应力的影响很小,仅在设置了横隔板处出现扭转正应力的突变,扭转正应力峰值变化很小。

不同横隔板工况下 4 个角点的挠度对比如图 5.17 所示。

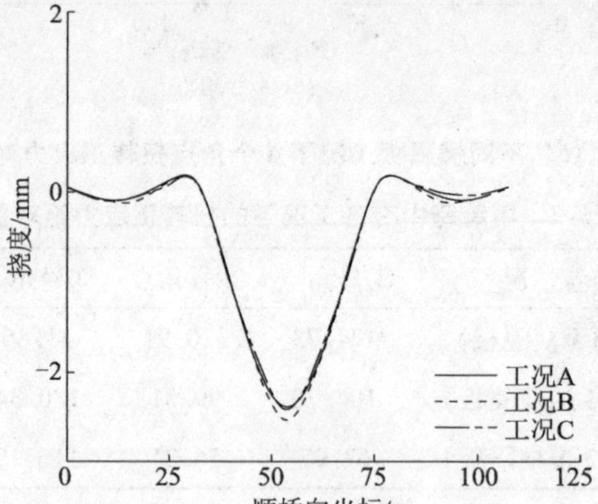

(a) ①号角点

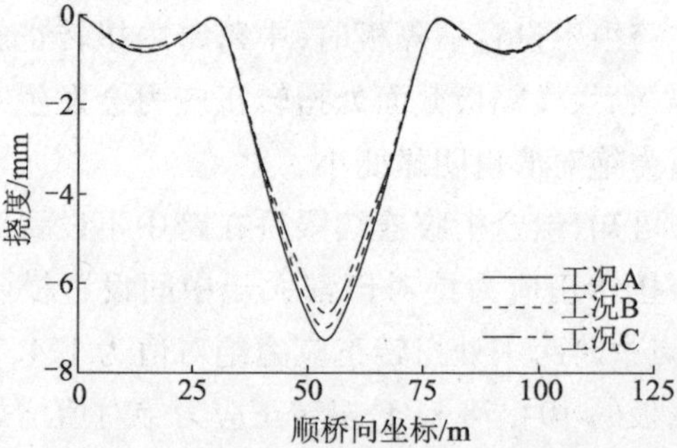

(b) ②号角点

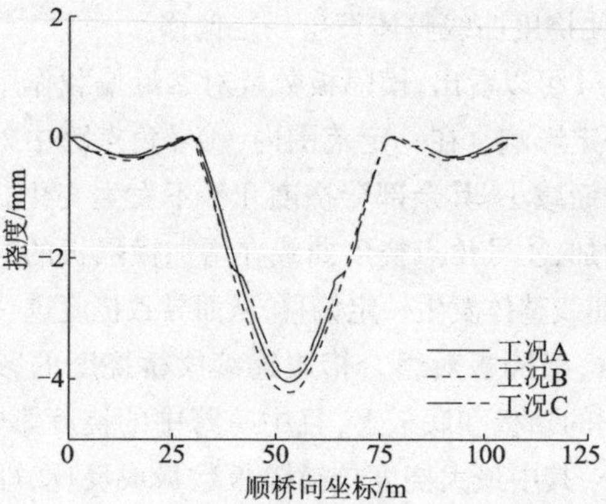

(c) ③号角点

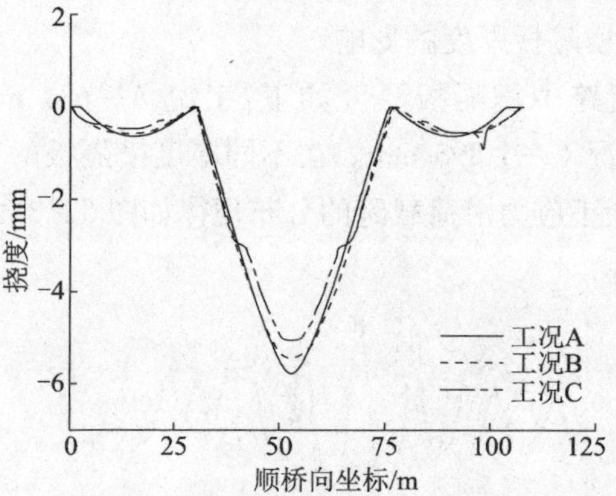

(d) ④号角点

图 5.17　不同横隔板工况下 4 个角点挠度对比

从图 5. 17a 和图 5. 17b 可以看出,在偏心荷载作用下,横隔板的设置对组合桁腹连续梁桥顶板挠度有一定影响。在远离偏载作用的①号角点处,挠度随横隔板数量变化不明显,但②号角点变化较为明显,在一定范围内,②号角点跨中处挠度随横隔板数量的增加而减小,其余部分挠度几乎不发生变化。

从图 5. 17c 可以看出,横隔板数量对远离偏载作用底板一侧的③号角点影响很小,挠度随横隔板数量变化不明显,但是可以看到随着横隔板数量的增加,3 号角点挠度曲线在增加横隔板的对应位置发生突变，使挠度曲线整体发生一定偏移。

从图 5. 17d 可以看出，横隔板数量对靠近偏载作用底板一侧的④号角点有一定影响。在一定范围内，④号角点跨中处挠度随横隔板数量的增加而减小，其余部分挠度几乎不发生变化。并且随着横隔板数量的增加，④号角点挠度曲线在增加横隔板的对应位置发生突变，使挠度曲线整体发生一定偏移，从而导致挠度进一步减小。

综合来看，横隔板对组合桁腹连续梁桥挠度的影响主要集中在受偏载一侧的顶板和底板上，且中跨跨中的挠度影响最大，其余部分影响很小，其中最大挠度与横隔板数量成反比，即在一定范围内，跨中横隔板数量越多，组合桁腹连续梁桥挠度越小。

5.2.3 横隔板厚度的影响

分别设置跨中横隔板厚度如下：工况 A—631 mm；工况 B—1 262 mm；工况 C—1 893 mm。在不同厚度横隔板的工况下，各截面的扭转畸变正应力沿荷载跨的分布规律如图 5. 18 所示。

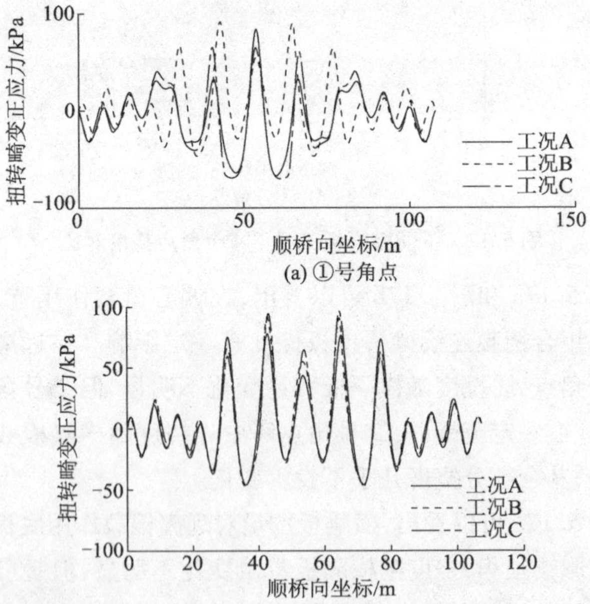

(a) ①号角点

(b) ②号角点

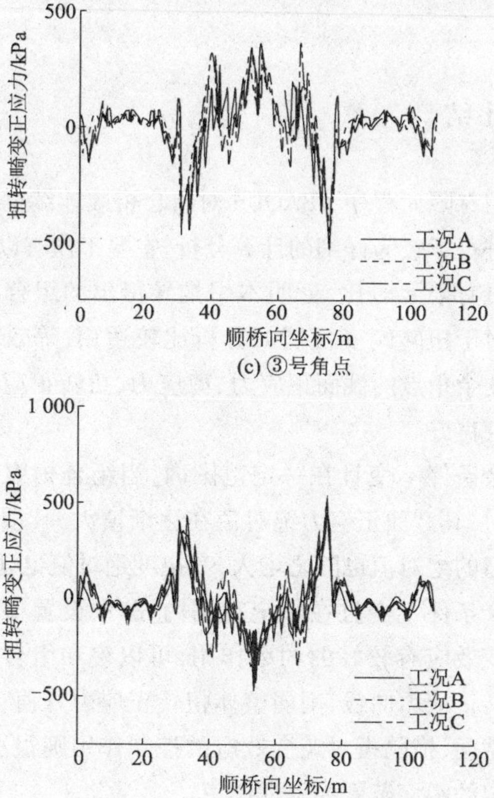

(c) ③号角点

(d) ④号角点

图 5.18　不同横隔板工况下 4 个角点扭转畸变正应力对比

从图 5.18 可以看出,在其余条件不变的情况下,横隔板厚度对组合桁腹连续梁桥扭转畸变效应的影响很小,虽然①号角点可能远离偏载作用的一侧,内力偏小且没有规律可循,但②,③,④号角点的三种工况几乎没有差异且趋势完全一致,说明采用较小厚度的横隔板可以在②,③,④号角点约束组合桁腹连续梁桥断面的扭转和畸变变形,即使再增加横隔板的厚度也不会对组合桁腹连续梁桥的变形和应力有多大影响,这与日本学者大冢久哲的研究结论类似。因此在实际工程中,跨中横隔板厚度满足一定的构造要求即可。

5.3　本章小结

本章利用有限元程序 ABAQUS 对组合桁腹连续梁桥模型的空间受力特性进行了较为详细的计算分析,主要工作有以下几点:

(1) 通过有限元对比,证明本书推导得出的组合桁腹连续梁桥等效理论对于扭转畸变性能的分析比较适用,等效前后组合桁腹连续梁桥 4 个角点的截面正应力、剪应力、扭转正应力和挠度的曲线吻合程度良好。

(2) 其余条件不变且在一定范围内,当组合桁腹连续梁桥桥墩墩高增加时,其截面正应力绝对值在逐渐增大,其顶板的截面扭转正应力峰值的绝对值也随之增大,其挠度绝对值也逐渐增大。

(3) 其余条件不变且在一定范围内,跨中设置横隔板对各截面的扭转畸变效应有较好的约束作用,可以缓和组合桁腹连续梁桥顺桥向扭转正应力曲线,削弱整体扭转正应力峰值;而对于距横隔板较远的截面,横隔板对畸变效应的控制作用则很小,说明横隔板仅能在一定的距离范围内发挥作用。

(4) 横隔板对组合桁腹连续梁桥挠度的影响主要集中在受偏载一侧的顶板和底板上,且中跨跨中的挠度影响最大,其余部分影响很小,其中最大挠度与横隔板数量成反比,即在一定范围内,跨中横隔板数量越多,组合桁腹连续梁桥的挠度越小。

(5) 其余条件不变且在一定范围内,横隔板厚度对组合桁腹连续梁桥扭转畸变效应的影响很小,即使增大横隔板的厚度也不会对组合桁腹连续梁桥的变形和应力有多大影响。

第 6 章　结论与展望

6.1 结论

为进一步完善组合桁腹梁桥相关计算理论，促进组合桁腹连续梁桥在我国的发展与应用，本书提出了一种科学有效的等效理论，将复杂的组合桁腹连续梁桥简化为连续箱梁模型，并通过有限元验证和其他力学性能研究，取得如下研究成果：

（1）基于变形协调和结构应变能推导了将组合桁腹连续梁桥主桁架等效为一定厚度的钢板的计算公式；基于剪切应变协调和合力大小相等的原则，推导了将钢腹板转换为一定厚度的混凝土腹板的计算公式；通过两次等效将一个不连续的结构等效为混凝土箱梁，将本书的理论值与外国行业规范规定的值进行对比，结果接近，说明本书的等效是合理可行的，对于组合桁腹连续梁桥的选型和初步设计来说，本书的等效方法简单方便、快速实用。

（2）建立了组合桁腹连续梁桥的剪力滞分析的理论计算模型，推导了混凝土板的三次函数的剪力滞纵向翘曲位移函数，并通过最小势能原理推导了剪力滞的偏微分方程，最后在确定各支座边界条件后求解得到剪力滞的计算公式。通过有限元模型和本章理论公式的对比验证，证明本书的理论计算公式具有较高的准确度，可为设计提供依据。对等效后组合桁腹连续梁桥的等效宽度进行分析，将不同规范中有关连续箱梁桥规定的计算方法得到的理论值与有限元值进行比较,发现混凝土顶板的有效宽度系数一般高于混凝土底板的有效宽度系数,而在边跨支座的有效宽度系数有限元计算值普遍偏小。通过对组合桁腹连续梁桥等效前后的剪力滞效应进行研究,并用控制变量法分析剪力滞效应对加载位置的敏感性,发现在中跨跨中支座处均布荷载的剪力滞系数较集中荷载偏小一些,在相同荷载作用下,组合桁腹连续梁桥跨中截面顶板的剪力滞系数峰值大于支座截面底板的剪力滞系数峰值。

(3) 本书方法能够较为准确地计算出组合桁腹连续梁桥的剪力分配率,且与有限元计算结果趋势接近,证明本书等效理论有较好的实用性和可靠性。考虑荷载横向作用位置对剪力滞影响的研究结果表明,对于组合桁腹连续梁桥来说,荷载作用点越靠近横腹杆与混凝土顶板交界处,中跨跨中横截面应力波动越大且最大值也越大,每跨正应力最大值越大且波动越剧烈。因此,组合桁腹连续梁桥荷载作用位置应尽量靠近桁腹杆与混凝土顶板交界处。

(4) 通过有限元分析与比较,证明本书理论推导得出的桁-箱等效理论对于扭转畸变性能的分析比较适用。等效前后组合桁腹连续梁桥 4 个角点截面正应力、剪应力、扭转正应力和挠度关于纵向坐标曲线吻合程度良好。其余条件不变且在一定范围内,当组合桁腹连续梁桥桥墩墩高增加时,其截面正应力绝对值逐渐变大,顶板的截面扭转正应力峰值的绝对值也随之增大,挠度的绝对值也逐渐增大。其余条件不变且在一定范围内,跨中设置横隔板对各截面的扭转畸变效应有较好的约束作用,可以缓和组合桁腹连续梁桥顺桥向扭转正应力曲线,削弱整体扭转正应力峰值,而对距横隔板较远的截面,横隔板对畸变效应的控制作用则很小,说明横隔板仅能在一定的距离范围内发挥作用。横隔板对组合桁腹连续梁桥挠度的影响主要集中在受偏载一侧的顶板和底板上,且中跨跨中的挠度影响最大,其余部分影响很小,其中最大挠度与横隔板数量成反比,即在一定范围内,跨中横隔板数量越多,组合桁腹连续梁桥的挠度越小。其余条件不变且在一定范围内，横隔板厚度对组合桁腹连续梁桥扭转畸变效应的影响很小，即使增加横隔板的厚度也不会对组合桁腹连续梁桥的变形和应力有太大影响。

6.2　展望

组合桁腹连续梁桥具有显著的空间结构特征，且钢腹杆与顶板、底板不连续，受力十分复杂，本书的研究还有许多不足和有待深入之处，后续将对组合桁腹连续梁桥进行如下研究：

（1）弹塑性阶段的组合桁腹梁桥力学特性的研究；

（2）曲线组合桁腹梁桥力学特性的研究；

（3）变截面组合桁腹梁桥力学特性的研究；

（4）考虑材料非线性与几何非线性的组合桁腹梁桥空间效应的研究；

（5）组合桁腹梁桥扭转与畸变的动力分析。

参考文献

[1] 陈宝春，牟廷敏，陈宜言. 我国钢-混凝土组合结构桥梁研究进展及工程应用[J]. 建筑结构学报,2013，34 (s1)：1-10.

[2] 聂建国. 钢-混凝土组合结构桥梁[M]. 北京：人民交通出版社,2011.

[3] 唐杨. 钢腹杆-混凝土组合结构的研究综述[J]. 特种结构，2019，36 (2)：75-82.

[4] 《中国公路学报》编辑部. 中国桥梁工程学术研究综述·2014[J]. 中国公路学报,2014，27 (5)：1-96.

[5] 项海帆. 高等桥梁结构理论[M]. 2 版. 北京：人民交通出版社,2018.

[6] 刘玉擎. 组合结构桥梁[M]. 北京：人民交通出版社,2005.

[7] FURUICHI K, YAMAMURA M, NAGUMO H, et al. Experimental study on a new joint for prestressed concrete composite bridge with steel truss web[C]. Stuttgart：Connections between Steel and Concrete,2001：1250-1259.

[8] HUANG W J, FENU L, CHEN B C, et al. Experimental study on K-joints of concrete-filled steel tubular truss structures[J]. Journal of Constructional Steel Research,2015，107：182-193.

[9] ZHANG D D,ZHAO Q L, LI F, et al. Torsional behavior of a hybrid FRP-aluminum space truss bridge：experimental and numerical study[J]. Engineering Structures,2018，157：132-143.

[10] ZOU X X, WANG J Q. Experimental study on joints and flexural behavior of FRP truss - UHPC hybrid bridge [J]. Composite Structures, 2018, 203: 414-424.

[11] SAMAANEH M A, SHARIF A M, BALUCH M H, et al. Numerical investigation of continuous composite girders strengthened with CFRP [J]. Steel & Composite Structures, 2016, 21 (6): 1307-1325.

[12] 陈水生, 刘律, 桂水荣. 波形钢腹板 PC 组合箱梁桥在我国的研究进展及应用[J]. 公路工程, 2015, 40 (3): 57-62.

[13] 何晓晖, 代亮, 陈宜言. GFRP-混凝土-钢组合连续梁桥设计[J]. 城市道桥与防洪, 2019 (6): 84-86, 103.

[14] HUANG L, HIKOSAKA H, NIITANI K. Nonlinear analysis and tests of prestressed concrete composite girders with steel truss webs[C]. Rome: The 10th International Conference on Civil, Structural and Environmental Engineering Computing, 2005: 1629-1641.

[15] 雷聪. 钢桁腹组合结构梁桥力学性能分析[D]. 南京: 东南大学, 2015.

[16] 宛青云. 组合桁腹梁桥桁-箱等效理论研究[D]. 镇江: 江苏科技大学, 2019.

[17] 张莹莹, 张建东, 李雪红, 等. 钢桁腹预应力混凝土组合箱梁桥基本力学性能研究[J]. 公路, 2012 (11): 55-59.

[18] MACHACEK J, CUDEJKO M. Longitudinal shear in composite steel and concrete trusses[J]. Engineering Structures, 2009, 31 (6): 1313-1320.

[19] MCCALLEN D B, ROMSTAD K. A continuum model for the nonlinear analysis of beam-like lattice structures[J]. Computers & structures, 1988, 29 (2): 177-197.

[20] BOUCHAIR A, BUJNAK J, DURATNA P. Connection in steel-concrete composite truss [J]. Procedia Engineering, 2012, 40: 96-101.

[21] JUNG K-H, YI J-W, LEE S-H, et al. Fatigue capacity evaluation of hinge type connection system for a hybrid truss bridge [J]. Journal of the Korea Concrete Institute, 2011, 23 (3): 303-310.

[22] ALOCCI C, VALVO P S. Feasibility study of a hybrid FRP-steel cable-stayed pedestrian swing bridge [J]. Engineering Structures, 2019, 189: 359-372.

[23] EL-ZOHAIRY A, SALIM H, SHAABAN H, et al. Experimental and FE parametric study on continuous steel-concrete composite beams strengthened with CFRP laminates [J]. Construction and Building Materials, 2017, 157: 885-898.

[24] LIU Y Q, XIN H H, HE J, et al. Experimental and analytical study on fatigue behavior of composite truss joints [J]. Journal of Constructional Steel Research, 2013, 83 (2): 21-36.

[25] XUE D Y, LIU Y Q, HE J, et al. Experimental study and numerical analysis of a composite truss joint [J]. Journal of Constructional Steel Research, 2011, 67 (6): 957-964.

[26] 薛东焱. 板桁体系结合梁斜拉桥受力性能分析[D]. 哈尔滨: 哈尔滨工程大学, 2008.

[27] 何畏, 李乔. 板桁组合结构体系受力特性及计算方法研究[J]. 中国铁道科学, 2001, 22 (5): 65-72.

[28] 何畏, 强士中. 板桁组合结构中混凝土桥面板有效宽度计算分析[J]. 中国铁道科学, 2002, 23 (4): 55-61.

[29] 陈扬. 钢桁腹-混凝土组合梁桥力学性能与设计方法研究[D]. 南京: 东南大学, 2011.

[30] 谭莹，田启贤. 板桁组合结构的受力特性及其空间分析方法[J]. 铁道建筑,2001(8)：2-5.

[31] 王彤，谢旭，王渊，等. 桁腹式组合桁梁结构计算理论[J]. 浙江大学学报(工学版),2014，48 (4)：711-720,741.

[32] 彭宁宁,丁德豪. 板桁组合结构有限元分析方法的优化[J]. 中外公路,2018，38 (5)：99-101.

[33] 张文福. 钢-混凝土薄壁箱梁的组合扭转理论[J]. 施工技术,2016,45:340-347.

[34] 盛可鉴. 简支转连续梁桥的几个关键问题研究[D]. 哈尔滨：哈尔滨工业大学,2012.

[35] 彭旺虎. 板桁组合梁扭转特性计算的统一方法[C]//湖南省力学学会. 湖南省力学学会 2015 学术年会论文集. 湘潭,2015.

[36] REIS A J, PEDRO J J O. The europe bridge in portugal：Concept and structural design[J]. Journal of constructional Steel Research,2004，60 (3-5)：363-372.

[37] 陈维. 钢桁腹组合桥力学模型及其对比[D]. 武汉:华中科技大学,2014.

[38] 预应力混凝土技术协会. 复合桥梁设计施工指南[M]. 吴红军,译. 北京:人民交通出版社,2014.

[39] 李帼昌，石先硕，杨志坚，等. T 型开孔波折板连接件抗剪承载力有限元分析[J]. 钢结构,2018,33(6)：6-11.

[40] LUBLINER J，OLIVER J，OLLER S，et al. A plastic-damage model for concrete[J]. International Journal of Solids and Structures,1989，25 (3)：299-326.

[41] NGUYEN H T，KIM S E. Finite element modeling of push-out tests for large stud shear connectors[J]. Journal of Constructional Steel Research,2009，65 (10-11)：1909-1920.

[42] PAVLOVIC M, MARKOVIC Z, VELJKOVIC M, et al. Bolted shear connectors vs. headed studs behaviour in push-out tests[J]. Journal of Constructional Steel Research,2013, 88: 134-149.
[43] BEZERRA L M, CAVALCANTE O O, CHATER L, et al. V-shaped shear connector for composite steel-concrete beam[J]. Journal of Constructional Steel Research,2018, 150: 162-174.
[44] 彭小婕,于安林,方有珍.混凝土损伤塑性模型的参数分析[J].苏州科技学院学报(工程技术版),2010,23(3):40-43.
[45] ZHENG S J, LIU Y Q, Yoda T, et al. Parametric study on shear capacity of circular-hole and long-hole perfobond shear connector[J]. Journal of Constructional Steel Research, 2016, 117(2): 64-80.
[46] 中华人民共和国住房和城乡建设部. 混凝土结构设计规范[A]. 北京:中国建筑工业出版社,2015.
[47] 付小宁. 数据处理及模型化方法[M].咸阳:西北农林科技大学出版社,2016.
[48] 吴幼明, 罗旗帜, 岳珠峰.薄壁箱梁剪滞效应的能量变分法[J].工程力学,2003,20(4): 160-165.
[49] 曹国辉, 方志.连续箱梁剪力滞效应分析[J].铁道建筑,2007(2): 1-3.
[50]《建筑结构静力计算手册》编写组. 建筑结构静力计算手册[M].2 版.北京: 中国建筑工业出版社,1998.
[51] 中华人民共和国行业标准.公路钢筋混凝土及预应力混凝土桥涵设计规范[A].北京:人民交通出版社,2018.
[52] 于小芹. 钢桁腹式混凝土组合箱梁的扭转与畸变效应分析[D].兰州:兰州交通大学,2020.
[53] 韩皓, 李彬, 瞿尔仁, 等.曲线箱梁桥横隔板的加劲作用研究[J].合肥工业大学学报(自然科学版),1999 (4): 55-59.